2-2 교과서와 친해지는

단원별 단계별 받아쓰기

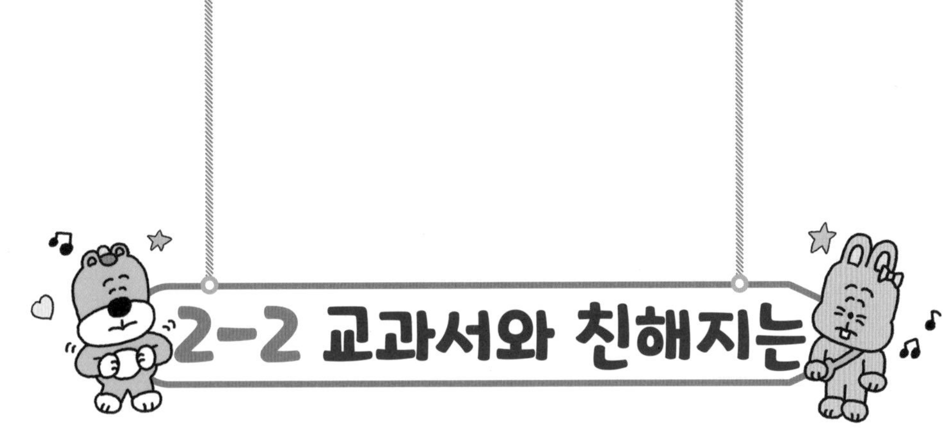

윤희솔 · 박은주 지음
나인완 그림

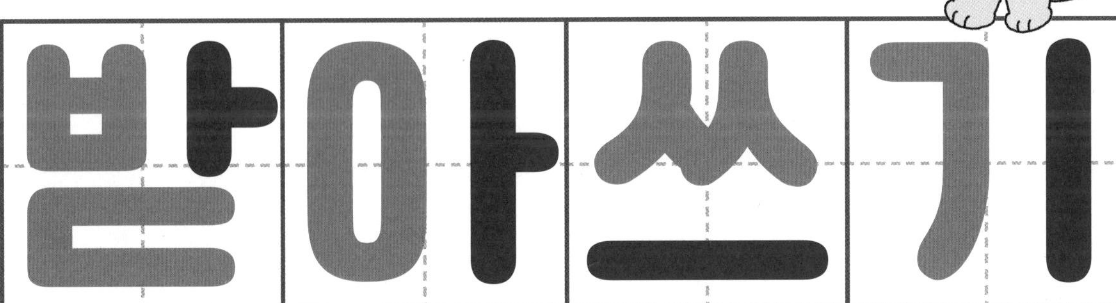

국어 교과서 연계 150문장 단원별 수록 + 읽기-어휘-쓰기 STEP 1~5 단계별 구성

물주는아이

받아쓰기는 최고의 국어 학습법!

"이제 한 학기만 있으면 3학년인데, 공부를 어떻게 봐줘야 할까요?"

학교만 잘 다니면 더 바랄 것이 없다고 했던 학부모님도 2학년 2학기에는 학습을 걱정하는 경우를 많이 봤습니다. 교과서를 주의 깊게 읽고, 맞춤법에 맞게 글을 쓰는 습관을 2학년 2학기에는 완성하려는 목표를 가지는 걸 추천합니다. 1~2학년의 주요 글쓰기 과업인 일기도 스스로 쓸 수 있도록 도와주세요. 일기는 모든 글쓰기의 기본이기 때문입니다.

몇십 년 전에도 했던 받아쓰기를 지금 우리 아이들이 연습할 필요가 있냐고 묻는 학부모님을 종종 만납니다. 그러나 영어 받아쓰기가 영어 능력 신장에 도움을 준다는 연구 결과가 수없이 많습니다. 받아쓰기(dictation)와 따라 말하기(shadowing)가 좋은 영어 학습법인 것처럼, 국어 받아쓰기 또한 국어 공부에 매우 효과적입니다. 받아쓰기 점수를 지나치게 강조하는 분위기와 암기 위주의 지도 방법이 잘못됐을 뿐, 받아쓰기는 분명 훌륭한 국어 학습법입니다.

〈단단 받아쓰기(교과서와 친해지는 단원별 단계별 받아쓰기)〉는 20년 이상 초등학교에서 받아쓰기를 연구하며 적용한 두 교사가 머리를 맞대고 기획했습니다. 아이들이 받아쓰기 급수표를 맥락 없이 외우고, 시험을 보고 나서는 다 잊어버리는 상황이 안타까웠습니다. 효과적인 받아쓰기 공부로 아이들의 국어 실력이 쑥쑥 자라기를 바라는 마음을 이 책에 담뿍 담았습니다.

〈단단 받아쓰기〉를 300% 활용하는 방법 세 가지를 소개합니다.

첫째, 이 책을 국어 교과서 짝꿍처럼 활용해 보세요. 부제와 같이 '교과서와 친해지는' 데 이 책이 도움이 되길 바라면서 집필했습니다. 저학년 교과서에는 글이 많지 않아서 교과서를 자세히 읽는 습관을 쉽게 들일 수 있습니다. '이 어휘가 왜 먼저 혹은 나중에 나왔을까?', '이 그림과 글은 무슨 관계가 있을까?' 등 아이와 질문을 주고받으며 교과서를 주의 깊이 살펴보는 습관을 들였으면 좋겠습니다.

둘째, QR코드를 통해 나오는 음성의 발음을 주의 깊게 듣고, 소리 내어 정확히 따라 읽도록 지도해 주세요. 한글을 다 안다고 자신만만하게 말하는 아이들도 틀리게 읽는 경우가 많습니

다. 맑다[막따], 밟다[밥따], 넓다[널따] 등 어른도 잘못 읽는 낱말이 있는 걸 보면, 소리 내어 정확히 읽는 연습은 어려서부터 꾸준히 해야 한다는 걸 알 수 있습니다. 정확한 발음으로 읽을 수 있어야 중고등학교 때 문법에서 헤매지 않습니다. 발음뿐 아니라 띄어 읽기도 중요합니다. 바르게 띄어 읽어야 글을 제대로 이해할 수 있습니다. 올바르게 소리 내어 읽기는 문해력의 기초입니다.

셋째, 받아쓰기에서 익힌 낱말과 문장을 실생활에서 사용할 기회를 주세요. 우리나라 사람들이 영단어를 많이 알면서도 활용하지 못하는 이유는 현실과 동떨어진 상황에서 어휘 암기에만 집중하기 때문이지요. 우리 반 아이들이 받아쓰기에 나온 어휘를 바로 사용할 수 있도록 지도한 방법을 각 단계에 반영했습니다.

STEP 1 각 급에서 소개된 받아쓰기 문장을 교과서에서 찾아보고, 교과서에 밑줄을 긋는다. (그 낱말이나 문장이 어떤 맥락에서 쓰였는지 확인하는 과정이에요. 교과서와 친해지기도 하고요.) QR코드를 통해 나오는 음성의 발음을 그대로 따라 말한다.

STEP 2 새로 알게 된 낱말의 의미를 알아본다.

STEP 3 소리 내어 읽으며 바르게 글씨를 쓰고 연습한다. (글씨를 쓰는 근육이 옹골차지려면 많이 써 보는 방법밖에 없답니다.) QR코드를 통해 음성을 듣고 받아쓴다.

STEP 4 STEP 1에 나온 낱말을 다양한 방법으로 익힌다.

STEP 5 새로 익힌 낱말을 활용하여 문장을 만들고 쓴다.

일기 쓰기 교실 친구들의 일기를 재미있게 읽고, 직접 일기를 써 본다.

'일기 쓰기 교실'에는 또래 친구들이 삐뚤빼뚤 쓴 짧은 일기가 담겨 있습니다. 아이의 솔직한 마음이 그대로 나타난 글이 얼마나 생생한지 자녀와 함께 읽어 보세요. 아이가 '이 정도면 나도 쓸 수 있겠는데?' 하는 마음이 들도록 격려해 주세요.

한글 학습을 강화한 국어 교과서를 기본으로 집필하였으므로, 초등학교 2학년 학생뿐 아니라 이제 한글을 익히고, 짧게나마 일기 쓸 준비를 하는 예비 초등학생과 초등학교 1학년 학생에게도 도움이 되리라 확신합니다. 〈단단 받아쓰기〉로 단단해진 문해력이 자신감과 재미가 넘치는 학교생활에 도움이 되기를 소망합니다.

마지막으로, 자신의 일기를 〈단단 받아쓰기〉 친구들에게 보여 준 박인호, 박지유, 임윤후, 임윤건에게 고마움과 응원의 뜻을 전합니다.

윤희솔, 박은주

차 례

____월 ____일을 적는 칸에 공부할 날짜를 정해서 미리 적어 두면 '계획표'가 되고, 그날그날 공부를 마친 후 내가 공부한 날짜를 적으면 '확인표'가 된답니다.

8급 국어 2-2) 6단원 자세하게 소개해요 80

STEP 1~2	80~81쪽	월 일
STEP 3	82~85쪽	월 일
STEP 4~5, 일기 쓰기 교실	86~89쪽	월 일

9급 국어 2-2) 7단원 일이 일어난 차례를 살펴요 90

STEP 1~2	90~91쪽	월 일
STEP 3	92~95쪽	월 일
STEP 4~5, 일기 쓰기 교실	96~99쪽	월 일

10급 국어 2-2) 7단원 일이 일어난 차례를 살펴요 100

STEP 1~2	100~101쪽	월 일
STEP 3	102~105쪽	월 일
STEP 4~5, 일기 쓰기 교실	106~109쪽	월 일

11급 국어 2-2) 8단원 바르게 말해요 110

STEP 1~2	110~111쪽	월 일
STEP 3	112~115쪽	월 일
STEP 4~5, 일기 쓰기 교실	116~119쪽	월 일

12급 국어 2-2) 9단원 주요 내용을 찾아요 120

STEP 1~2	120~121쪽	월 일
STEP 3	122~125쪽	월 일
STEP 4~5, 일기 쓰기 교실	126~129쪽	월 일

13급 국어 2-2) 9단원 주요 내용을 찾아요 130

STEP 1~2	130~131쪽	월 일
STEP 3	132~135쪽	월 일
STEP 4~5, 일기 쓰기 교실	136~139쪽	월 일

14급 국어 2-2) 10단원 칭찬하는 말을 주고 받아요 140

STEP 1~2	140~141쪽	월 일
STEP 3	142~145쪽	월 일
STEP 4~5, 일기 쓰기 교실	146~149쪽	월 일

15급 국어 2-2) 11단원 실감 나게 표현해요 150

STEP 1~2	150~151쪽	월 일
STEP 3	152~155쪽	월 일
STEP 4~5, 일기 쓰기 교실	156~159쪽	월 일

이 책의 구성 및 활용법

꼬미 토리 디노 선생님

"책을 알면 공부법이 보인다!"

〈단단 받아쓰기〉는 단원별 단계별로 구성된 받아쓰기 책이에요.
이 책에는 2학년 2학기 국어 교과서 1~11단원에 실린 낱말과 문장을 선별하여 수록하였어요.
1~5단계의 과정을 거치며 각 급에서 학습한 낱말과 문장을 내 것으로 만들어요.
한 단계 더 나아가, 글쓰기가 어려운 친구들을 위한 '일기 쓰기 교실'도 열었답니다.
귀여운 꼬미와 토리, 친절한 디노 선생님이 조금 더 쉽고 재미있게 공부할 수 있도록 도와줄 거예요.

STEP 1) 바르게 읽어야 바르게 쓸 수 있어요.

각 급에서 학습할 받아쓰기 문장 10개를 소개해요. 제공하는 QR코드를 통해 음성 듣기가 가능하지요.
불러 주는 말을 듣고 또박또박 따라 읽으며 발음을 익혀요. 정확한 발음을 익혀야 바르게 쓸 수 있답니다.

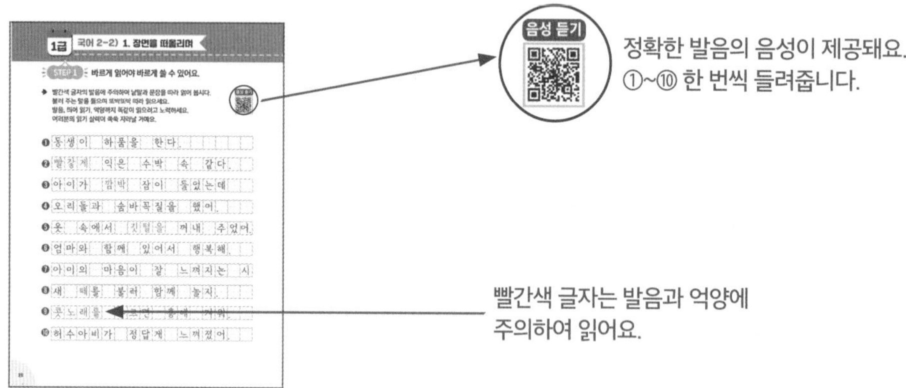
음성 듣기
정확한 발음의 음성이 제공돼요.
①~⑩ 한 번씩 들려줍니다.
빨간색 글자는 발음과 억양에
주의하여 읽어요.

STEP 2) 낱말을 정확히 알아야 나중에 또 만나도 기억할 수 있어요.

받아쓰기 문장에 나오는 핵심 낱말을 재미있는 그림을 통해 설명해요.
어느 상황에서 어떻게 낱말이 쓰이는지 알아보면서 어휘력이 풍부해져요.

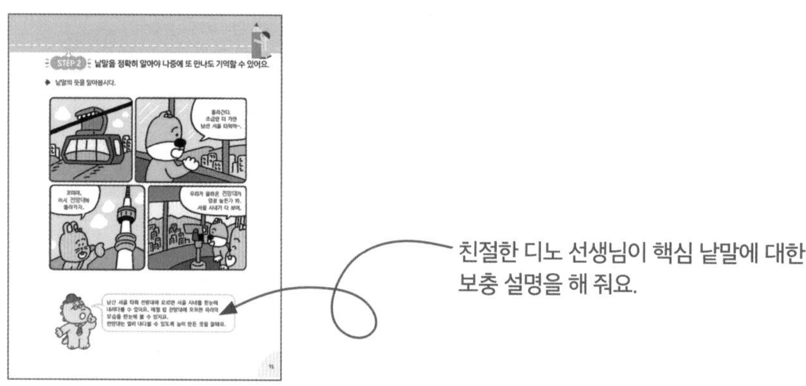
친절한 디노 선생님이 핵심 낱말에 대한
보충 설명을 해 줘요.

STEP 3) 뜻을 생각하며, 낱말과 문장을 익혀 보아요.

글씨를 쓰는 순서와 글자의 모양에 유의하며 써요. ① 낱말과 문장을 따라 쓰고, ② 빈칸을 채우며 따라 써요. 마지막으로, 제공하는 QR코드를 통해 실전 받아쓰기를 해요. 반복 학습으로 받아쓰기에 자신감이 생길 거예요.

위에 써 있는 낱말과 문장을 아래 비어 있는 줄에 따라 써요.

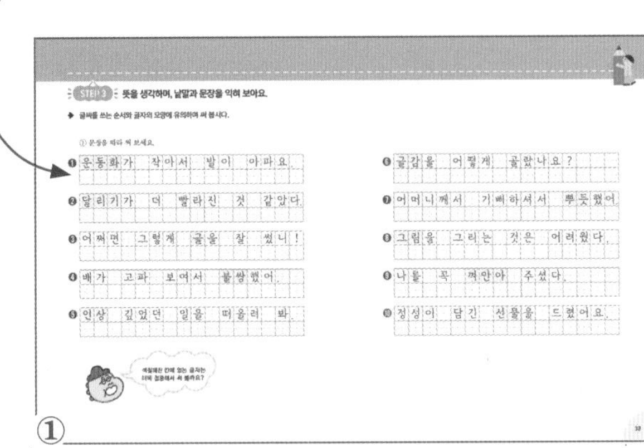

①

색칠해져 있는 빈칸을 채우며 낱말과 문장을 따라 써요.

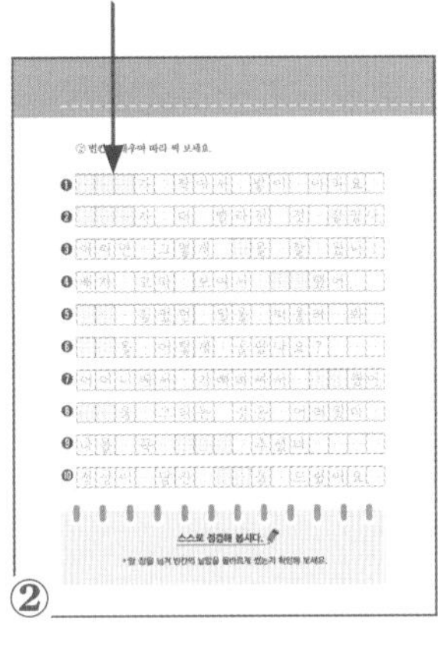

②

천천히, 또박또박, 정확하게 불러 주는 음성이 제공돼요. ①~⑩ 두 번씩 들려줍니다.

음성 듣기

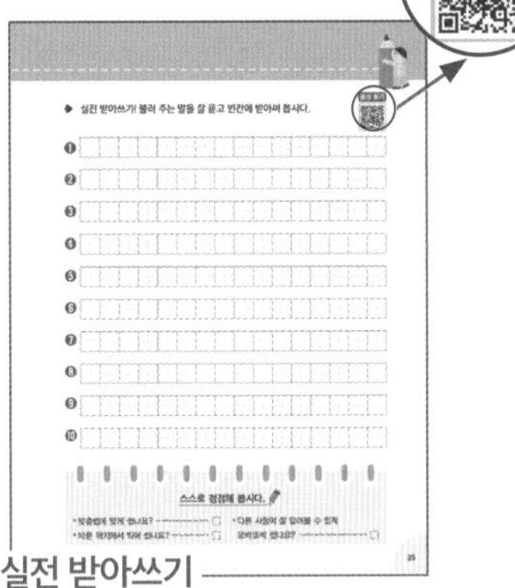

실전 받아쓰기

STEP 4) 낱말 개인화: 낱말을 내 것으로 만들어요.

색칠하기, 그림 찾기 등 각 급에서 학습한 낱말과 관련된 다양한 활동을 해요.

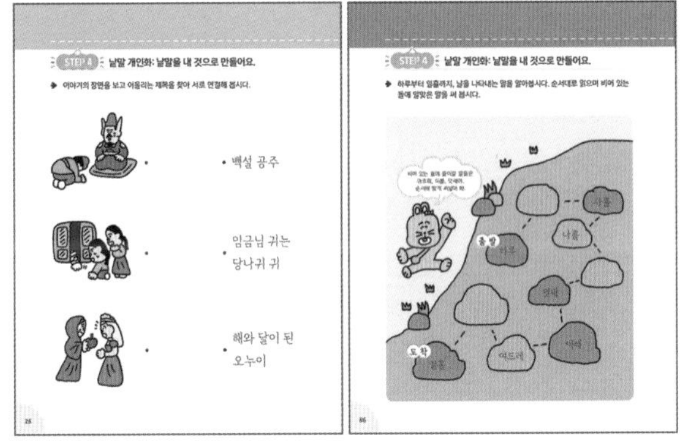

STEP 5) 문장 개인화: 문장을 내 것으로 만들어요.

각 급에서 학습한 낱말을 사용하여 짧은 글쓰기 활동을 해요.

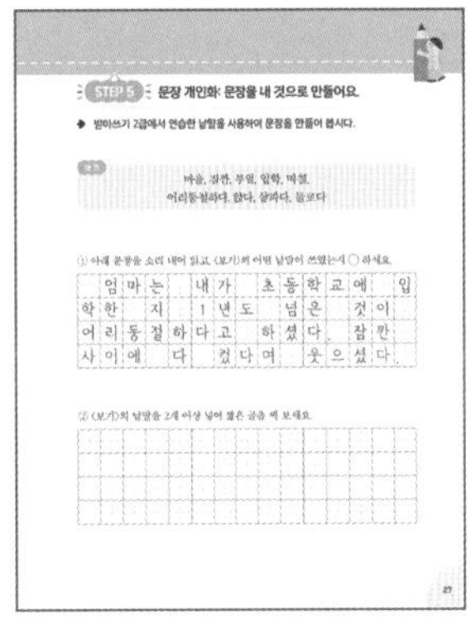

낱말과 문장을 온전히 소화하여 내 것으로 만들었는지 확인할 수 있어요. 차근차근 기초를 다지면 어느새 국어 실력이 쑥쑥 자랄 거예요.

일기 쓰기 교실

다양한 일기 쓰기 주제와 방법을 제시해요.

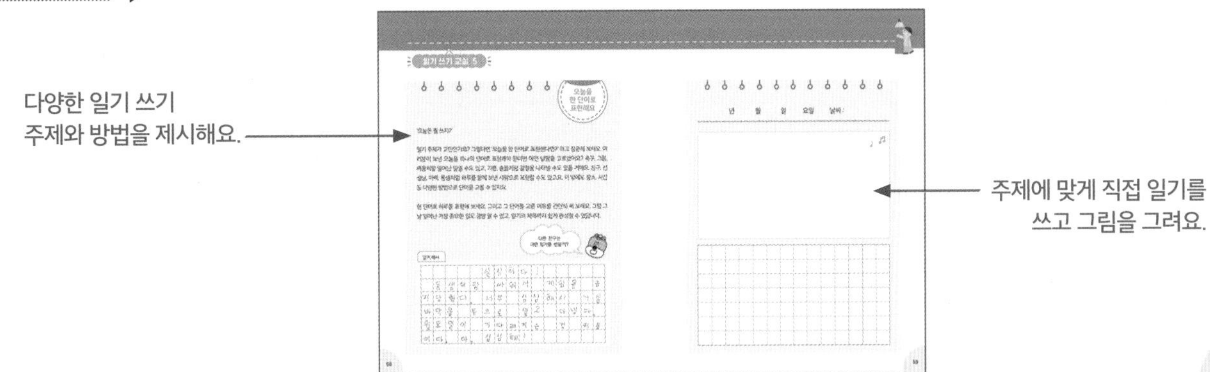

주제에 맞게 직접 일기를 쓰고 그림을 그려요.

1급 국어 2-2) 1. 장면을 떠올리며

STEP 1 바르게 읽어야 바르게 쓸 수 있어요.

➔ 빨간색 글자의 발음에 주의하며 낱말과 문장을 따라 읽어 봅시다.
불러 주는 말을 들으며 또박또박 따라 읽으세요.
발음, 띄어 읽기, 억양까지 똑같이 읽으려고 노력하세요.
여러분의 읽기 실력이 쑥쑥 자라날 거예요.

음성 듣기

❶ 동생이 하품을 한다.

❷ 빨갛게 익은 수박 속 같다.

❸ 아이가 깜박 잠이 들었는데

❹ 오리들과 숨바꼭질을 했어.

❺ 옷 속에서 깃털을 꺼내 주었어.

❻ 엄마와 함께 있어서 행복해.

❼ 아이의 마음이 잘 느껴지는 시

❽ 새 떼를 불러 함께 놀지.

❾ 콧노래를 부르면 흥에 겨워.

❿ 허수아비가 정답게 느껴졌어.

STEP 2 낱말을 정확히 알아야 나중에 또 만나도 기억할 수 있어요.

➔ 낱말의 뜻을 알아봅시다.

흠흠~♪
이게 어디서 나는 소리지? 꼬미가 노래하는 걸까? 분명 입은 다물고 있는데…….

토리야, 이 노래 들어 볼래? 너무 신나서 콧노래가 절로 나와~.

신나는 음악을 들으면 콧노래가 저절로 나오지요?
콧노래는 입을 다문 채 코로 소리를 내어 부르는 노래랍니다.

STEP 3 뜻을 생각하며, 낱말과 문장을 익혀 보아요.

➔ 글씨를 쓰는 순서와 글자의 모양에 유의하며 써 봅시다.

① 낱말과 문장을 따라 써 보세요.

❶ 동생이 하품을 한다.

❷ 빨갛게 익은 수박 속 같다.

❸ 아이가 깜박 잠이 들었는데

❹ 오리들과 숨바꼭질을 했어.

❺ 옷 속에서 깃털을 꺼내 주었어.

색칠해진 칸에 있는 글자는
더욱 집중해서 써 볼까요?

❻ 엄마와 함께 있어서 행복해.

❼ 아이의 마음이 잘 느껴지는 시

❽ 새 떼를 불러 함께 놀지.

❾ 콧노래를 부르면 흥에 겨워.

❿ 허수아비가 정답게 느껴졌어.

② 빈칸을 채우며 따라 써 보세요.

1. 동생이 을 한다.
2. 빨갛게 익은 속 같다.
3. 아이가 잠이 들었는데
4. 오리둘과 을 했어.
5. 옷 속에서 을 꺼내 주었어.
6. 엄마와 함께 있어서 해.
7. 아이의 이 잘 느껴지는 시
8. 새 떼를 불러 놀지.
9. 를 부르면 흥에 겨워.
10. 가 정답게 느껴졌어.

스스로 점검해 봅시다.

- 앞 장을 넘겨 빈칸의 낱말을 올바르게 썼는지 확인해 보세요.

음성 듣기

➔ 실전 받아쓰기! 불러 주는 말을 잘 듣고 빈칸에 받아써 봅시다.

❶

❷

❸

❹

❺

❻

❼

❽

❾

❿

스스로 점검해 봅시다.

- 맞춤법에 맞게 썼나요? ······················ ☐
- 바른 위치에서 띄어 썼나요? ··············· ☐
- 다른 사람이 잘 알아볼 수 있게 또박또박 썼나요? ························ ☐

STEP 4 낱말 개인화: 낱말을 내 것으로 만들어요.

➔ 가을 들판을 지키는 허수아비를 멋지게 꾸며 봅시다.

STEP 5 문장 개인화: 문장을 내 것으로 만들어요.

➔ 받아쓰기 1급에서 연습한 낱말을 사용하여 문장을 만들어 봅시다.

보기

하품, 깜박, 숨바꼭질, 콧노래, 허수아비,
빨갛다, 익다, 행복하다, 느껴지다

① 아래 문장을 소리 내어 읽고, 〈보기〉의 어떤 낱말이 쓰였는지 ◯ 하세요.

	학	교	를		마	치	고		친	구	들	과		숨
바	꼭	질	을		했	다	.	신	나	게		뛰	어	다
녀	서		땀	이		뻘	뻘		나	고		얼	굴	이
빨	갛	게		달	아	올	랐	다	.					

② 〈보기〉의 낱말을 2개 이상 넣어 짧은 글을 써 보세요.

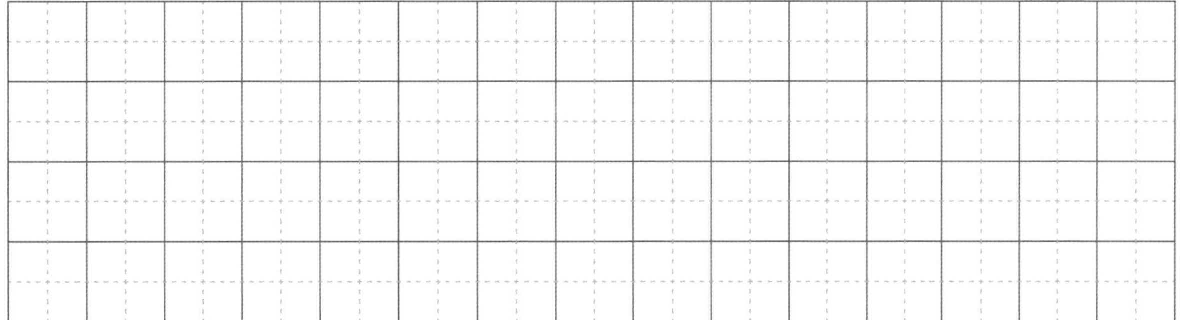

일기 쓰기 교실 1

‘거북이는 왜 토끼와 달리기 경주를 하겠다고 했을까?’
‘토끼의 간을 얻기 위해 거짓말을 한 자라에게 벌을 주어야 하나? 상을 주어야 하나?’
‘서울쥐와 시골쥐 중 누가 더 행복할까?’

책을 읽은 후에 질문을 만들고 답해 보는 걸로도 훌륭한 일기가 돼요. 책에 나온 인물을 좋은 사람, 나쁜 사람으로 나누지 말고 ‘이 사람은 왜 이렇게 나쁜 행동을 서슴없이 하게 되었을까?’, ‘이 사람은 정말 좋은 사람일까?’라고 생각해 보면 그 인물이 달리 보일 거예요. 그럼 책을 더 깊이 읽을 수 있지요. 책도 재미있게 읽을 수 있고, 일기도 쉽게 완성할 수 있으니 일거양득이랍니다.

한 가지 일을 해서
두 가지 이익을 얻는 것을
일거양득이라고 해요.

일기 예시

	‘	벌	거	벗	은		임	금	님	’	은		어	쩌
다		그	렇	게		옷	을		좋	아	하	게		됐
을	까	?		어	렸	을		때		아	빠	가		옷
을		마	음	대	로		못		입	게		했	을	까,
아	니	면		어	렸	을		때	부	터		옷	을	
잘		입	어	야		한	다	고		배	웠	을	까	?

년 월 일 요일 날씨 :

국어 2-2) 1. 장면을 떠올리며

STEP 1 바르게 읽어야 바르게 쓸 수 있어요.

➔ 빨간색 글자의 발음에 주의하며 낱말과 문장을 따라 읽어 봅시다.
불러 주는 말을 들으며 또박또박 따라 읽으세요.
발음, 띄어 읽기, 억양까지 똑같이 읽으려고 노력하세요.
여러분의 읽기 실력이 쑥쑥 자라날 거예요.

음성 듣기

❶ 장면을 떠올려 말해 봅시다.

❷ 어느 마을 앞을 지나가는데

❸ 아저씨는 잠깐 어리둥절했어요.

❹ 새가 훨훨 날아와 앉았어요.

❺ 도둑이 부엌 안을 살핀다.

❻ 친구들과 신나게 놀고 있어요.

❼ 형은 곧 입학하잖아.

❽ 먼저 가방 가게에 들렀지요.

❾ 몇 날 며칠을 놀려 댔겠지요.

❿ 시원한 바람이 잘 통하는 마당

STEP 2 낱말을 정확히 알아야 나중에 또 만나도 기억할 수 있어요.

➔ 낱말의 뜻을 알아봅시다.

토리야, 내 동생이 일곱 살이잖아.
내년에 우리 학교에 **입학**할 거야.

우아,
동생이랑 같이
학교 다닐 수
있어서 좋겠다.

입학한 날이 얼마
안 된 것 같은데,
내년이면 우리가
벌써 3학년이야.
시간 참 빠르다!

1학년 동생들이
입학하면 꼬미랑
토리가 잘
도와주세요.

초등학교에 입학한 날이 떠오르나요?
입학은 학교에 들어가는 것을 말해요.
초등학교에 입학하는 1학년 동생들에게
모범이 되는 학생이 되기로 해요.

STEP 3 뜻을 생각하며, 낱말과 문장을 익혀 보아요.

➔ 글씨를 쓰는 순서와 글자의 모양에 유의하며 써 봅시다.

① 낱말과 문장을 따라 써 보세요.

❶ 장면을 떠올려 말해 봅시다.

❷ 어느 마을 앞을 지나가는데

❸ 아저씨는 잠깐 어리둥절했어요.

❹ 새가 훨훨 날아와 앉았어요.

❺ 도둑이 부엌 안을 살핀다.

색칠해진 칸에 있는 글자는
더욱 집중해서 써 볼까요?

❻ 친구들과 신나게 놀고 있어요.

❼ 형은 곧 입학하잖아.

❽ 먼저 가방 가게에 들렀지요.

❾ 몇 날 며칠을 놀려 댔겠지요.

❿ 시원한 바람이 잘 통하는 마당

② 빈칸을 채우며 따라 써 보세요.

1. 을 떠올려 말해 봅시다.
2. 어느 앞을 지나가는데
3. 아저씨는 잠깐 했어요.
4. 새가 날아와 앉았어요.
5. 도둑이 안을 살핀다.
6. 들과 신나게 놀고 있어요.
7. 형은 곧 하잖아.
8. 먼저 가게에 들렀지요.
9. 몇 날 을 놀려 댔겠지요.
10. 시원한 이 잘 통하는 마당

스스로 점검해 봅시다.

■ 앞 장을 넘겨 빈칸의 낱말을 올바르게 썼는지 확인해 보세요.

➔ 실전 받아쓰기! 불러 주는 말을 잘 듣고 빈칸에 받아써 봅시다.

❶

❷

❸

❹

❺

❻

❼

❽

❾

❿

스스로 점검해 봅시다.

- 맞춤법에 맞게 썼나요? ………………… □
- 바른 위치에서 띄어 썼나요? …………… □
- 다른 사람이 잘 알아볼 수 있게 또박또박 썼나요? ……………………… □

STEP 4 낱말 개인화: 낱말을 내 것으로 만들어요.

➔ 이야기의 장면을 보고 어울리는 제목을 찾아 서로 연결해 봅시다.

• 백설 공주

• 임금님 귀는 당나귀 귀

• 해와 달이 된 오누이

STEP 5 문장 개인화: 문장을 내 것으로 만들어요.

➔ 받아쓰기 2급에서 연습한 낱말을 사용하여 문장을 만들어 봅시다.

보기

마을, 잠깐, 부엌, 입학, 며칠,
어리둥절하다, 앉다, 살피다, 들르다

① 아래 문장을 소리 내어 읽고, 〈보기〉의 어떤 낱말이 쓰였는지 ◯ 하세요.

	엄	마	는		내	가		초	등	학	교	에		입
학	한		지		1	년	도		넘	은		것	이	
어	리	둥	절	하	다	고		하	셨	다	.	잠	깐	
사	이	에		다		컸	다	며		웃	으	셨	다	.

② 〈보기〉의 낱말을 2개 이상 넣어 짧은 글을 써 보세요.

일기 쓰기 교실 2

1년 전 여러분의 키와 몸무게를 알고 있나요?
1학년 때 가장 친하게 지낸 친구가 지금도 가장 친한가요?

1년 전의 나와 오늘의 나를 비교하면 많이 달라진 점도 있고, 별로 달라지지 않은 점도 있을 거예요. 1년 전에 찍은 가족사진을 한번 살펴보세요. 가족들의 모습은 지금과 어떻게 달라졌는지 찾아보는 것도 재미있겠지요.

날마다 비슷하게 하루를 보내는 것 같지만, 그런 하루하루가 쌓여 커다란 변화가 생긴답니다. 1년 후의 여러분의 모습을 상상하고, 멋진 내가 되려면 무엇을 해야 할지도 고민해 보세요. 과거, 현재, 미래의 나에 대해 생각하고 일기를 써 보세요. 1년 후에 오늘 쓴 일기를 보면 참 새롭고 재미있을 거예요.

다른 친구는
어떤 일기를 썼을까?

일기 예시

	1	학	년		땐		급	식	실	에	서		국	물
엎	을	까		봐		느	릿	느	릿		걸	었	는	데,
2	학	년	이		되	니		휙	휙		걸	어	도	
끄	떡	없	다	.	달	리	기	도		오	빠	보	다	
아	주		쪼	금	은		빨	라	졌	다	.	나	는	
날	쌘		2	학	년	이	다	!						

년 월 일 요일 날씨 :

3급 국어 2-2) 2. 인상 깊었던 일을 써요

STEP 1 바르게 읽어야 바르게 쓸 수 있어요.

➔ 빨간색 글자의 발음에 주의하며 문장을 따라 읽어 봅시다.
불러 주는 말을 들으며 또박또박 따라 읽으세요.
발음, 띄어 읽기, 억양까지 똑같이 읽으려고 노력하세요.
여러분의 읽기 실력이 쑥쑥 자라날 거예요.

음성 듣기

1. 운동화가 작아서 발이 아파요.
2. 달리기가 더 빨라진 것 같았다.
3. 어쩌면 그렇게 글을 잘 썼니!
4. 배가 고파 보여서 불쌍했어.
5. 인상 깊었던 일을 떠올려 봐.
6. 글감을 어떻게 골랐나요?
7. 어머니께서 기뻐하셔서 뿌듯했어.
8. 그림을 그리는 것은 어려웠다.
9. 나를 꼭 껴안아 주셨다.
10. 정성이 담긴 선물을 드렸어요.

STEP 2 낱말을 정확히 알아야 나중에 또 만나도 기억할 수 있어요.

➜ 낱말의 뜻을 알아봅시다.

글짓기를 해야 하는데, 무슨 일을 글감으로 쓰면 좋을까 고민이야.

토리야, 네가 겪은 일 가운데 가장 기억에 남는 일을 떠올려 봐.

가장 기억에 남는 일이라……
아! 지난 주말에 놀이공원에서 바이킹을 탔는데 엄청 무서웠어.

우아, 정말 재미있었겠다! 난 무서운 놀이 기구 좋아하거든. 좋은 글감인걸!

옷감은 옷을 만드는 데 필요한 재료지요?
글감은 글을 쓰는 데 필요한 재료랍니다.
그날그날 겪은 일이나 생각은 일기의 글감이 되지요.

STEP 3 뜻을 생각하며, 낱말과 문장을 익혀 보아요.

➔ 글씨를 쓰는 순서와 글자의 모양에 유의하며 써 봅시다.

① 문장을 따라 써 보세요.

❶ 운동화가 작아서 발이 아파요.

❷ 달리기가 더 빨라진 것 같았다.

❸ 어쩌면 그렇게 글을 잘 썼니!

❹ 배가 고파 보여서 불쌍했어.

❺ 인상 깊었던 일을 떠올려 봐.

색칠해진 칸에 있는 글자는
더욱 집중해서 써 볼까요?

❻ 글감을 어떻게 골랐나요?

❼ 어머니께서 기뻐하셔서 뿌듯했어.

❽ 그림을 그리는 것은 어려웠다.

❾ 나를 꼭 껴안아 주셨다.

❿ 정성이 담긴 선물을 드렸어요.

② 빈칸을 채우며 따라 써 보세요.

1. 가 작아서 발이 아파요.
2. 가 더 빨라진 것 같았다.
3. 어쩌면 그렇게 을 잘 썼니!
4. 배가 고파 보여서 했어.
5. 깊었던 일을 떠올려 봐.
6. 을 어떻게 골랐나요?
7. 어머니께서 기뻐하셔서 했어.
8. 을 그리는 것은 어려웠다.
9. 나를 꼭 주셨다.
10. 정성이 담긴 을 드렸어요.

스스로 점검해 봅시다.

- 앞 장을 넘겨 빈칸의 낱말을 올바르게 썼는지 확인해 보세요.

음성 듣기

➔ 실전 받아쓰기! 불러 주는 말을 잘 듣고 빈칸에 받아써 봅시다.

❶

❷

❸

❹

❺

❻

❼

❽

❾

❿

스스로 점검해 봅시다.

- 맞춤법에 맞게 썼나요? ☐
- 바른 위치에서 띄어 썼나요? ☐
- 다른 사람이 잘 알아볼 수 있게 또박또박 썼나요? ☐

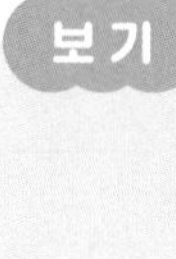

STEP 4 낱말 개인화: 낱말을 내 것으로 만들어요.

➔ 기뻤던 일, 슬펐던 일 등 내가 겪은 일 가운데 가장 인상 깊은 일을 글감으로 골라 적어 봅시다.

보기

놀랐던 일

커다란 개가 뒤에서 따라온 일

기뻤던 일

____

슬펐던 일

____

화났던 일

____

STEP 5 문장 개인화: 문장을 내 것으로 만들어요.

➜ 받아쓰기 3급에서 연습한 낱말을 사용하여 문장을 만들어 봅시다.

보기

운동화, 달리기, 어쩌면, 정성, 선물,
아프다, 불쌍하다, 뿌듯하다, 껴안다

① 아래 문장을 소리 내어 읽고, 〈보기〉의 어떤 낱말이 쓰였는지 ◯ 하세요.

	“	어	쩌	면		그	렇	게		달	리	기	를	
	잘	하	니	?	”									
	채	윤	이	가		운	동	화		끈	을		묶	으
며		물	었	다	.	뿌	듯	했	다	.				

② 〈보기〉의 낱말을 2개 이상 넣어 짧은 글을 써 보세요.

일기 쓰기 교실 3

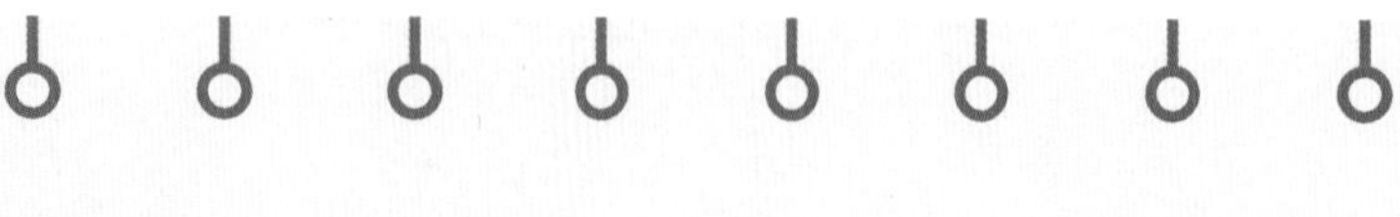

"신윤성 어린이는 방송실로 오기 바랍니다."
"넌 정말 글씨를 잘 쓰는구나!"
"흥! 너랑 다시는 안 놀아."

지금도 생생하게 귓가를 울리는 말이 있나요? 기쁘거나, 슬프거나, 감격스럽거나 다양한 이유로 잊기 어려운 말이 있지요. 여러분이 하거나 들은 말을 큰따옴표를 사용해서 그 안에 쓰면, 그 상황으로 '뿅' 하고 이동하는 느낌이 들어요.

오늘 하거나 들은 말을 큰따옴표 안에 써 보세요. 그리고 그 말에 얽힌 이야기를 적어요. 큰따옴표는 여러분의 일기뿐 아니라 생각도 생생하게 만들어 줄 거예요.

대화에는 큰따옴표(" ")를 쓰고,
마음속으로 한 말에는
작은따옴표(' ')를 써.

일기 예시

	"	건	이	가		있	어		참		든	든	하	구
	나	."												
	아	파	서		조	퇴	하	는		친	구	를		도
와	주	고		왔	는	데		선	생	님	께	서		칭
찬	해		주	셨	다	.	나	도		모	르	게		가
슴	이		웅	장	해	졌	다	.						

년 월 일 요일 날씨 :

4급 국어 2-2) 3. 말의 재미를 찾아서

STEP 1 바르게 읽어야 바르게 쓸 수 있어요.

➔ 빨간색 글자의 발음에 주의하며 낱말과 문장을 따라 읽어 봅시다.
불러 주는 말을 들으며 또박또박 따라 읽으세요.
발음, 띄어 읽기, 억양까지 똑같이 읽으려고 노력하세요.
여러분의 읽기 실력이 쑥쑥 자라날 거예요.

음성 듣기

1. 고양이를 무서워하지 않는 쥐
2. 나랑 문제 풀기 놀이를 할까?
3. 높은 곳에 잘 올라가나요?
4. 복슬복슬 부드러운 털
5. 오늘부터 내 친구가 되어 주렴.
6. 이제 여행을 떠나 볼까?
7. 문제를 잘 풀면 열쇠를 줄게.
8. 서로 도와주며 정답게 지냈어요.
9. 곳간에 볏단을 쌓아 두었어요.
10. 고개를 갸우뚱갸우뚱했어요.

STEP 2 낱말을 정확히 알아야 나중에 또 만나도 기억할 수 있어요.

➔ 낱말의 뜻을 알아봅시다.

서로의 곳간에 볏단을 가져다 놓는 장면을 보면 정말 사이좋은 형제 같아.

의좋은 형제

우리 집에도 책에 나오는 거랑 비슷한 곳간이 있어.

아파트에 곳간이 있다고?

전래 동화를 읽다 보면 곳간이 자주 나오지요?
곳간은 물건을 간직하여 두는 곳을 말해요.
여러분의 집에도 물건을 보관하는 장소가 있나요?
요새는 펜트리라는 공간에 식료품을 저장하는 집이 많아요.

STEP 3 뜻을 생각하며, 낱말과 문장을 익혀 보아요.

➔ 글씨를 쓰는 순서와 글자의 모양에 유의하며 써 봅시다.

① 낱말과 문장을 따라 써 보세요.

❶ 고양이를 무서워하지 않는 쥐

❷ 나랑 문제 풀기 놀이를 할까?

❸ 높은 곳에 잘 올라가나요?

❹ 복슬복슬 부드러운 털

❺ 오늘부터 내 친구가 되어 주렴.

색칠해진 칸에 있는 글자는 더욱 집중해서 써 볼까요?

❻ 이제 여행을 떠나 볼까?

❼ 문제를 잘 풀면 열쇠를 줄게.

❽ 서로 도와주며 정답게 지냈어요.

❾ 곳간에 볏단을 쌓아 두었어요.

❿ 고개를 갸우뚱갸우뚱했어요.

② 빈칸을 채우며 따라 써 보세요.

❶ 를 무서워하지 않는 쥐

❷ 나랑 풀기 놀이를 할까?

❸ 높은 에 잘 올라가나요?

❹ 복슬복슬 부드러운

❺ 오늘부터 내 가 되어 주렴.

❻ 이제 을 떠나 볼까?

❼ 문제를 잘 풀면 를 줄게.

❽ 서로 도와주며 지냈어요.

❾ 곳간에 을 쌓아 두었어요.

❿ 를 갸우뚱갸우뚱했어요.

스스로 점검해 봅시다.

▪ 앞 장을 넘겨 빈칸의 낱말을 올바르게 썼는지 확인해 보세요.

음성 듣기

➔ 실전 받아쓰기! 불러 주는 말을 잘 듣고 빈칸에 받아써 봅시다.

❶

❷

❸

❹

❺

❻

❼

❽

❾

❿

스스로 점검해 봅시다.

- 맞춤법에 맞게 썼나요? ☐
- 바른 위치에서 띄어 썼나요? ☐
- 다른 사람이 잘 알아볼 수 있게 또박또박 썼나요? ☐

STEP 4 낱말 개인화: 낱말을 내 것으로 만들어요.

➔ 어디로 여행을 떠나고 싶나요? 여행지를 적어 보고, 여행 가방 안에 준비물을 그려 넣어 봅시다.

여행 가고 싶은 곳: ______________________

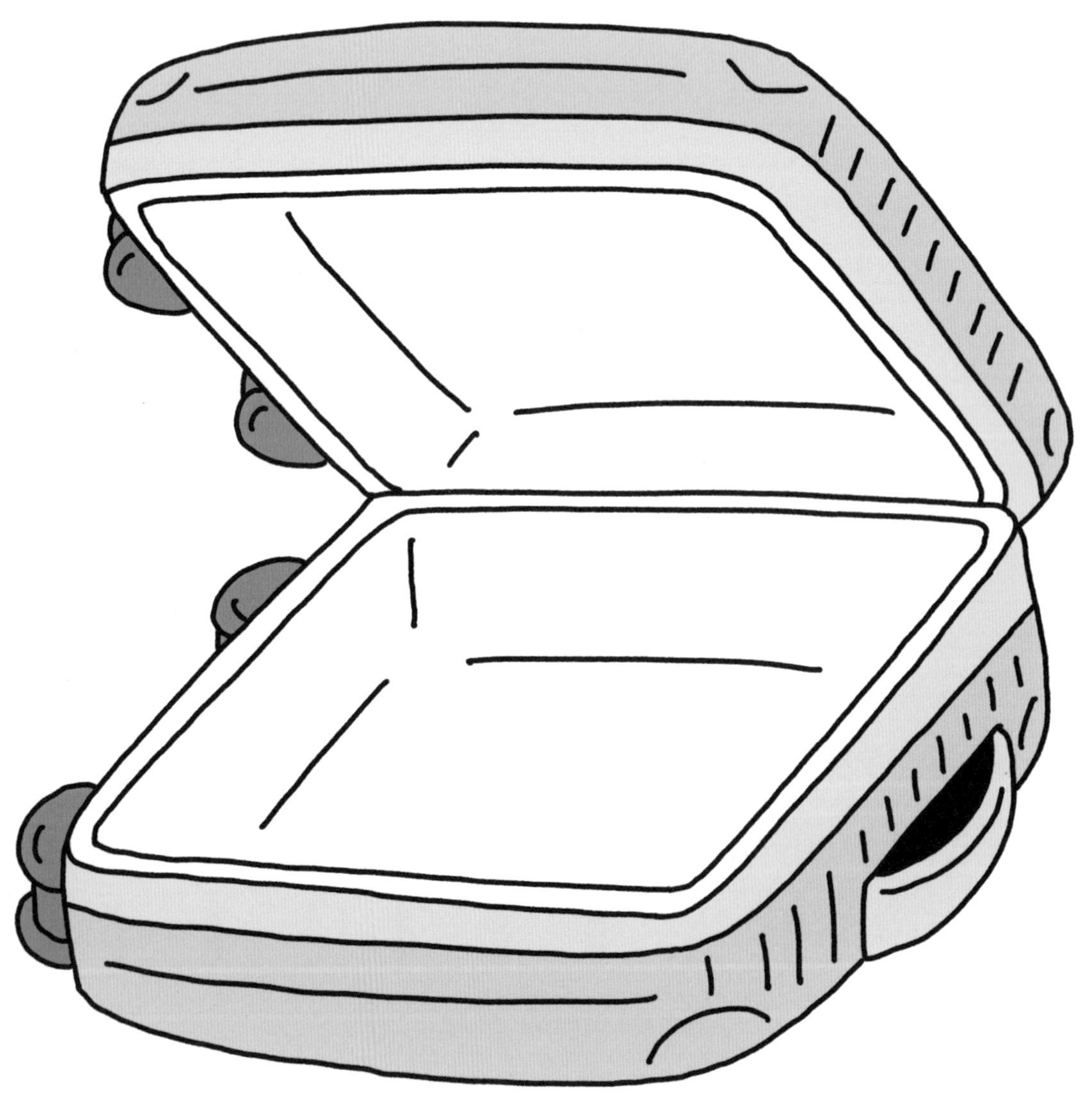

STEP 5 문장 개인화: 문장을 내 것으로 만들어요.

➔ 받아쓰기 4급에서 연습한 낱말을 사용하여 문장을 만들어 봅시다.

보기

고양이, 쥐, 복슬복슬, 여행, 곳간, 볏단,
올라가다, 부드럽다, 떠나다, 도와주다

① 아래 문장을 소리 내어 읽고, 〈보기〉의 어떤 낱말이 쓰였는지 ◯ 하세요.

국어 교과서에서 ‘곳간에 볏단을 쌓아 두었다’는 문장을 읽었다. 곳간과 볏단이 무슨 뜻인지 궁금했다.

② 〈보기〉의 낱말을 2개 이상 넣어 짧은 글을 써 보세요.

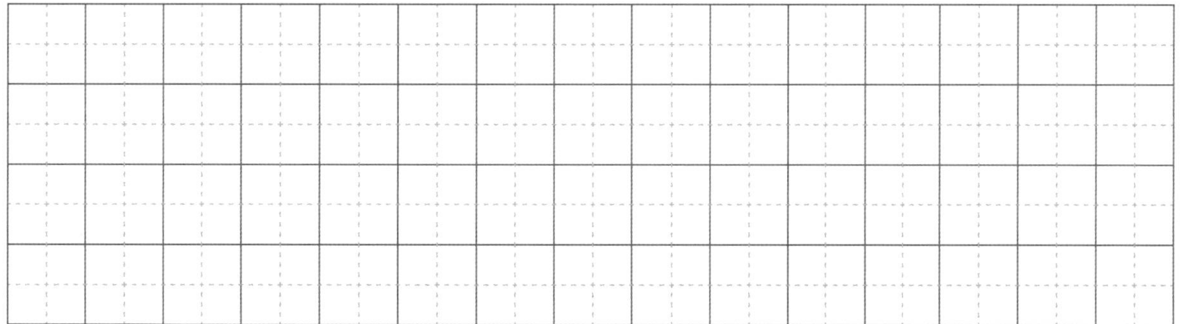

일기 쓰기 교실 4

① 형과 동생이 싸웠는데, 동생 편만 드는 세상은 어떤 세상일까?

② 못사는 사람이 많아야 잘되는 가게는?

③ 날마다 아침이면 생기는 나라는?

정답 : ① 형편없는 세상 ② 철물점 ③ 일어나라

답을 맞혔나요? 여러분도 직접 수수께끼를 만들 수 있어요. 일기 주제가 떠오르지 않은 날이나 일기를 쓰기 싫은 날에는 한 번쯤 수수께끼를 만들어 보세요. 일기를 금방 재미있게 쓸 수 있을 거예요.

① 이름을 이용하여 만들기 - 파리는 파리인데 날지 못하는 파리는? (해파리)

② 특징을 이용하여 만들기 - 더울수록 작아지는 것은? (얼음)

③ 서로 다른 점을 이용해 만들기 - 더울 때 길고, 추울 때 짧아지는 것은? (낮)

일기 예시

1	.	식	사		후		찾	아	오	는		개	는	?
		이	쑤	시	개									
2	.	엄	마	가		길	을		잃	으	면	?		
		맘	마	미	아									
3	.	칠	판	이		달	린		차	는	?			
		보	드	카										

년 월 일 요일 날씨 :

5급 국어 2-2) 3. 말의 재미를 찾아서

STEP 1 바르게 읽어야 바르게 쓸 수 있어요.

➔ 빨간색 글자의 발음에 주의하며 낱말과 문장을 따라 읽어 봅시다.
불러 주는 말을 들으며 또박또박 따라 읽으세요.
발음, 띄어 읽기, 억양까지 똑같이 읽으려고 노력하세요.
여러분의 읽기 실력이 쑥쑥 자라날 거예요.

음성 듣기

1. 바람이 산들산들 부는 어느 날
2. 나무꾼이 나무를 하고 있었어요.
3. 도끼가 연못에 빠져 버렸어요.
4. 수수께끼를 만드는 방법
5. 종이를 잘라 나누어 가진다.
6. 여기까지 오다니 실력이 대단해.
7. 질문에 알맞은 대답을 해 봐.
8. 이름은 몇 글자인가요?
9. 친구가 생각한 것은 무엇일까?
10. 과일 가게에 가면 사과도 있고

STEP 2 낱말을 정확히 알아야 나중에 또 만나도 기억할 수 있어요.

➔ 낱말의 뜻을 알아봅시다.

실력은 실제로 갖추고 있는 힘이나 능력을 뜻해요.
줄넘기 실력을 기르려면 줄넘기 연습을 꾸준히 해야
하지요? 실력을 향상하려면 꾸준한 노력이 필요해요.

STEP 3 뜻을 생각하며, 낱말과 문장을 익혀 보아요.

➔ 글씨를 쓰는 순서와 글자의 모양에 유의하며 써 봅시다.

① 낱말과 문장을 따라 써 보세요.

❶ 바람이 산들산들 부는 어느 날

❷ 나무꾼이 나무를 하고 있었어요.

❸ 도끼가 연못에 빠져 버렸어요.

❹ 수수께끼를 만드는 방법

❺ 종이를 잘라 나누어 가진다.

색칠해진 칸에 있는 글자는
더욱 집중해서 써 볼까요?

❻ 여기까지 오다니 실력이 대단해.

❼ 질문에 알맞은 대답을 해 봐.

❽ 이름은 몇 글자인가요?

❾ 친구가 생각한 것은 무엇일까?

❿ 과일 가게에 가면 사과도 있고

② 빈칸을 채우며 따라 써 보세요.

1. 바람이 부는 어느 날
2. 이 나무를 하고 있었어요.
3. 도끼가 에 빠져 버렸어요.
4. 를 만드는 방법
5. 를 잘라 나누어 가진다.
6. 여기까지 오다니 이 대단해.
7. 질문에 알맞은 을 해 봐.
8. 이름은 몇 인가요?
9. 친구가 한 것은 무엇일까?
10. 과일 가게에 가면 도 있고

스스로 점검해 봅시다.

▪ 앞 장을 넘겨 빈칸의 낱말을 올바르게 썼는지 확인해 보세요.

음성 듣기

➔ 실전 받아쓰기! 불러 주는 말을 잘 듣고 빈칸에 받아써 봅시다.

❶

❷

❸

❹

❺

❻

❼

❽

❾

❿

스스로 점검해 봅시다.

- 맞춤법에 맞게 썼나요? ·········· □
- 바른 위치에서 띄어 썼나요? ·········· □
- 다른 사람이 잘 알아볼 수 있게 또박또박 썼나요? ·········· □

STEP 4 낱말 개인화: 낱말을 내 것으로 만들어요.

➜ 다섯 고개 놀이의 질문과 대답을 보고 생각나는 것을 빈칸에 써 봅시다.

고개	질문	대답	생각나는 것
하나	살아 있나요?	예, 살아 있습니다.	동물, 사람 ( )
둘	날아다니나요?	아니요, 걸어 다닙니다.	코끼리, 호랑이, 하마, 고양이, 병아리 ( )
셋	몸집이 큰가요?	예, 그렇습니다.	코끼리, 호랑이, 하마 ( )
넷	이름은 몇 글자인가요?	세 글자입니다.	코끼리, 호랑이 ( )
다섯	어떤 소리를 내나요?	'어흥' 소리를 냅니다.	( )

STEP 5 문장 개인화: 문장을 내 것으로 만들어요.

➔ 받아쓰기 5급에서 연습한 낱말을 사용하여 문장을 만들어 봅시다.

보기

산들산들, 나무꾼, 도끼, 수수께끼, 이름, 친구,
만들다, 나누다, 대단하다, 생각하다

① 아래 문장을 소리 내어 읽고, 〈보기〉의 어떤 낱말이 쓰였는지 ◯ 하세요.

	나	무	꾼	이		도	끼	를		연	못	에		빠
뜨	렸	을		때		얼	마	나		놀	랐	을	까	?
도	와	줄		친	구	도		주	변	에		없	고	,
참		막	막	했	겠	다	.							

② 〈보기〉의 낱말을 2개 이상 넣어 짧은 글을 써 보세요.

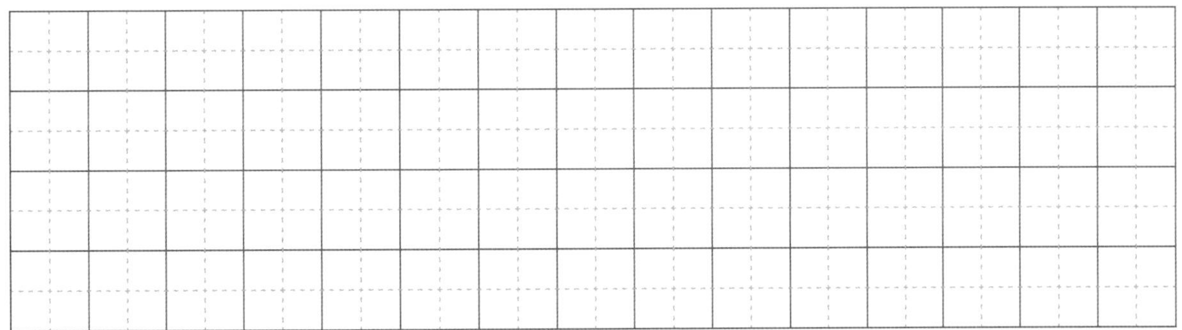

일기 쓰기 교실 5

'오늘은 뭘 쓰지?'

일기 주제가 고민인가요? 그렇다면 '오늘을 한 단어로 표현한다면?' 하고 질문해 보세요. 여러분이 보낸 오늘을 하나의 단어로 표현해야 한다면 어떤 낱말을 고르겠어요? 축구, 그림, 싸움처럼 일어난 일일 수도 있고, 기쁨, 슬픔처럼 감정을 나타낼 수도 있을 거예요. 친구, 선생님, 아빠, 동생처럼 하루를 함께 보낸 사람으로 표현할 수도 있고요. 이 밖에도 장소, 시간 등 다양한 방법으로 단어를 고를 수 있지요.

한 단어로 하루를 표현해 보세요. 그리고 그 단어를 고른 이유를 간단히 써 보세요. 그럼 그 날 일어난 가장 중요한 일도 금방 알 수 있고, 일기의 제목까지 쉽게 완성할 수 있답니다.

다른 친구는
어떤 일기를 썼을까?

일기 예시

					심	심	하	다	!					
	동	생	이	랑		싸	워	서		게	임	을		금
지	당	했	다	.	너	무		심	심	해	서		거	실
바	닥	을		등	으	로		밀	고		다	녔	다	.
월	요	일	이		기	다	려	지	는		건		처	음
이	다	.	아	,	심	심	해	!						

년 월 일 요일 날씨 :

6급 국어 2-2) 4. 인물의 마음을 짐작해요

STEP 1 바르게 읽어야 바르게 쓸 수 있어요.

➔ 빨간색 글자의 발음에 주의하며 문장을 따라 읽어 봅시다.
불러 주는 말을 들으며 또박또박 따라 읽으세요.
발음, 띄어 읽기, 억양까지 똑같이 읽으려고 노력하세요.
여러분의 읽기 실력이 쑥쑥 자라날 거예요.

음성 듣기

❶ 친구와 같은 반이 되었어.

❷ 우리가 데려가면 안 돼요?

❸ 그럴 기분이 아닌 것 같았어.

❹ 강아지가 산책하고 싶은가 봐요.

❺ 화가 머리끝까지 났어요.

❻ 난 팍 쓰러져 버릴 것 같아.

❼ 그만 멈추어 버리고 말았어요.

❽ 열흘 동안 휴가를 주자.

❾ 서로 어깨를 주물러 주었어.

❿ 어질러진 방을 깨끗하게 치웠어.

STEP 2 낱말을 정확히 알아야 나중에 또 만나도 기억할 수 있어요.

➔ 낱말의 뜻을 알아봅시다.

우아, 삼촌이다!
군대에서 어떻게 나온 거야?

오늘부터 휴가야.
휴가 나오자마자
꼬마 만나러 왔지.

삼촌, 휴가 동안 저희랑
재미있게 놀아 주세요!

부모님이 직장에 휴가를 내고 가족 여행을 다녀온 적이 있나요?
휴가란 직장·학교·군대 같은 곳에서 일정한 기간 동안
쉬는 것을 말해요.

STEP 3 뜻을 생각하며, 낱말과 문장을 익혀 보아요.

➔ 글씨를 쓰는 순서와 글자의 모양에 유의하며 써 봅시다.

① 문장을 따라 써 보세요.

❶ 친구와 같은 반이 되었어.

❷ 우리가 데려가면 안 돼요?

❸ 그럴 기분이 아닌 것 같았어.

❹ 강아지가 산책하고 싶은가 봐요.

❺ 화가 머리끝까지 났어요.

색칠해진 칸에 있는 글자는
더욱 집중해서 써 볼까요?

❻ 난 팍 쓰러져 버릴 것 같아.

❼ 그만 멈추어 버리고 말았어요.

❽ 열흘 동안 휴가를 주자.

❾ 서로 어깨를 주물러 주었어.

❿ 어질러진 방을 깨끗하게 치웠어.

② 빈칸을 채우며 따라 써 보세요.

❶ 친구와 같은 이 되었어.

❷ 우리가 안 돼요?

❸ 그럴 이 아닌 것 같았어.

❹ 강아지가 하고 싶은가 봐요.

❺ 화가 까지 났어요.

❻ 난 팍 버릴 것 같아.

❼ 그만 버리고 말았어요.

❽ 열흘 동안 를 주자.

❾ 서로 를 주물러 주었어.

❿ 어질러진 방을 하게 치웠어.

스스로 점검해 봅시다.

▪ 앞 장을 넘겨 빈칸의 낱말을 올바르게 썼는지 확인해 보세요.

실전 받아쓰기! 불러 주는 말을 잘 듣고 빈칸에 받아써 봅시다.

❶

❷

❸

❹

❺

❻

❼

❽

❾

❿

스스로 점검해 봅시다.

- 맞춤법에 맞게 썼나요? ☐
- 바른 위치에서 띄어 썼나요? ☐
- 다른 사람이 잘 알아볼 수 있게 또박또박 썼나요? ☐

STEP 4 낱말 개인화: 낱말을 내 것으로 만들어요.

➔ 하루부터 열흘까지, 날을 나타내는 말을 알아봅시다. 순서대로 읽으며 비어 있는 돌에 알맞은 말을 써 봅시다.

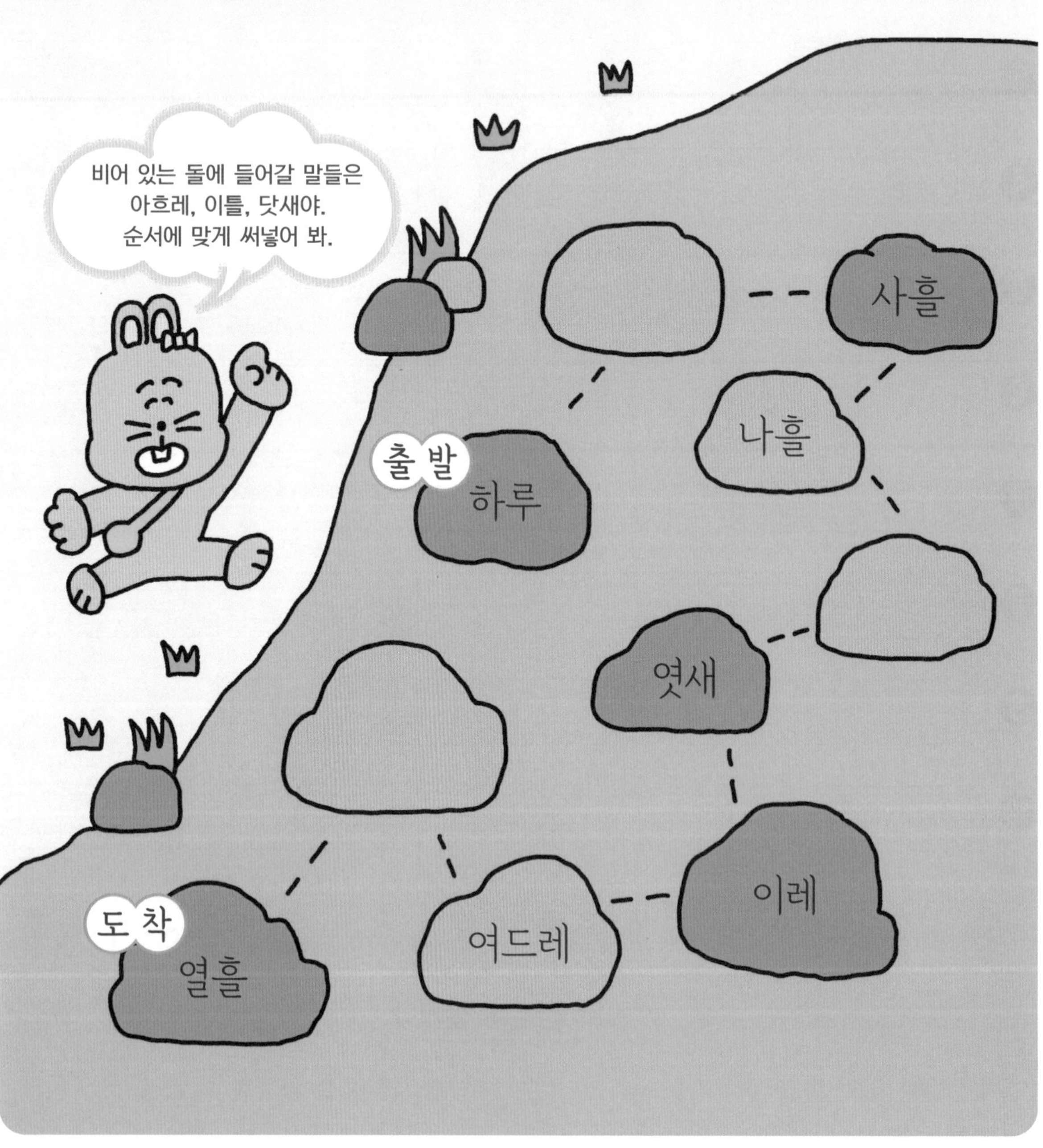

STEP 5 문장 개인화: 문장을 내 것으로 만들어요.

➔ 받아쓰기 6급에서 연습한 낱말을 사용하여 문장을 만들어 봅시다.

보기

강아지, 산책, 열흘, 휴가, 어깨, 방,
쓰러지다, 멈추다, 주무르다, 치우다

① 아래 문장을 소리 내어 읽고, 〈보기〉의 어떤 낱말이 쓰였는지 ◯ 하세요.

	강	아	지	를		데	리	고		산	책	을		나
갔	다	.	강	아	지	는		신	나	서		계	속	
뛰	어	다	니	고		난		따	라	다	니	느	라	
땀	이		뻘	뻘		났	다	.						

② 〈보기〉의 낱말을 2개 이상 넣어 짧은 글을 써 보세요.

일기 쓰기 교실 6

여러분은 반려동물과 함께 살고 있나요?
어떤 반려동물과 함께 살고 있나요?

반려동물이 있는 친구는 반려동물에 대해 써 보세요. 반려동물의 생김새, 버릇, 좋아하는 음식 등을 설명하다 보면 반려동물을 더 깊이 이해할 수 있어요.

반려동물이 없는 친구라면, 키우고 싶은 동물을 주제로 글을 써 보세요. 어떤 동물을 키우고 싶은지, 왜 그 동물을 키우고 싶은지 생각해 보아요. 반려동물과 함께 살기 위해서 준비할 것이 있는지도 알아보고요. 반려동물을 조사하면 생명의 신비도 알게 되고, 생명을 소중하게 다뤄야겠다는 마음도 갖게 될 거예요.

다른 친구는
어떤 일기를 썼을까?

일기 예시

	우	리		집		어	항	엔		구	피	,	네	온
테	트	라	,	체	리		새	우	가		산	다	.	내
가		다	가	가	면		어	항	을		뚫	고		나
올		것	처	럼		반	겨		주	는		구	피	가
제	일		좋	다	.	먹	이		먹	는		모	습	도
귀	여	운		구	피	는		내		친	구	다	.	

년 월 일 요일 날씨 :

7급 국어 2-2) 5. 간직하고 싶은 노래

STEP 1 바르게 읽어야 바르게 쓸 수 있어요.

➔ 빨간색 글자의 발음에 주의하며 낱말과 문장을 따라 읽어 봅시다.
불러 주는 말을 들으며 또박또박 따라 읽으세요.
발음, 띄어 읽기, 억양까지 똑같이 읽으려고 노력하세요.
여러분의 읽기 실력이 쑥쑥 자라날 거예요.

음성 듣기

❶ 달밤에 알밤 줍는 다람쥐

❷ 온종일 가슴이 콩닥콩닥

❸ 꼬리가 동그랗게 말려 있었어.

❹ 현관까지 막 달려 나왔어.

❺ 나도 강아지를 키우고 싶어.

❻ 네 생각을 꾸밈없이 표현했네.

❼ 긴 문장은 행을 나누어 써요.

❽ 달라진 부분을 비교해 보세요.

❾ 방이 넓어진 것 같구나.

❿ 전망대에 올라가 보고 싶다.

STEP 2 낱말을 정확히 알아야 나중에 또 만나도 기억할 수 있어요.

➔ 낱말의 뜻을 알아봅시다.

올라간다.
조금만 더 가면
남산 서울 타워야~.

꼬미야,
어서 **전망대**에
올라가자.

우리가 올라온 **전망대**가
엄청 높은가 봐.
서울 시내가 다 보여.

남산 서울 타워 전망대에 오르면 서울 시내를 한눈에 내려다볼 수 있어요. 에펠 탑 전망대에 오르면 파리의 모습을 한눈에 볼 수 있지요.
전망대는 멀리 내다볼 수 있도록 높이 만든 곳을 말해요.

STEP 3 뜻을 생각하며, 낱말과 문장을 익혀 보아요.

➔ 글씨를 쓰는 순서와 글자의 모양에 유의하며 써 봅시다.

① 낱말과 문장을 따라 써 보세요.

❶ 달밤에 알밤 줍는 다람쥐

❷ 온종일 가슴이 콩닥콩닥

❸ 꼬리가 동그랗게 말려 있었어.

❹ 현관까지 막 달려 나왔어.

❺ 나도 강아지를 키우고 싶어.

색칠해진 칸에 있는 글자는
더욱 집중해서 써 볼까요?

❻ 네 생각을 꾸밈없이 표현했네.

❼ 긴 문장은 행을 나누어 써요.

❽ 달라진 부분을 비교해 보세요.

❾ 방이 넓어진 것 같구나.

❿ 전망대에 올라가 보고 싶다.

② 빈칸을 채우며 따라 써 보세요.

1. 달밤에 줍는 다람쥐
2. 온종일 이 콩닥콩닥
3. 가 동그랗게 말려 있었어.
4. 까지 막 달려 나왔어.
5. 나도 를 키우고 싶어.
6. 네 생각을 꾸밈없이 했네.
7. 긴 온 행을 나누어 써요.
8. 달라진 부분을 해 보세요.
9. 방이 것 같구나.
10. 에 올라가 보고 싶다.

스스로 점검해 봅시다.

▪ 앞 장을 넘겨 빈칸의 낱말을 올바르게 썼는지 확인해 보세요.

음성 듣기

➜ 실전 받아쓰기! 불러 주는 말을 잘 듣고 빈칸에 받아써 봅시다.

❶

❷

❸

❹

❺

❻

❼

❽

❾

❿

스스로 점검해 봅시다.

- 맞춤법에 맞게 썼나요? ………………………… ☐
- 바른 위치에서 띄어 썼나요? ……………… ☐
- 다른 사람이 잘 알아볼 수 있게 또박또박 썼나요? ………………………………… ☐

STEP 4 낱말 개인화: 낱말을 내 것으로 만들어요.

➔ 다양한 품종의 강아지가 있어요. 내가 키우고 싶은 강아지를 고르고, 어울리는 이름을 지어 봅시다.

내가 키우고 싶은 강아지 품종: ______________________

내가 지은 강아지 이름: ______________________

골든레트리버

푸들

몰티즈

비숑

슈나우저

닥스훈트

STEP 5 문장 개인화: 문장을 내 것으로 만들어요.

➔ 받아쓰기 7급에서 연습한 낱말을 사용하여 문장을 만들어 봅시다.

보기

알밤, 온종일, 현관, 강아지, 전망대,
줍다, 동그랗다, 표현하다, 올라가다

① 아래 문장을 소리 내어 읽고, 〈보기〉의 어떤 낱말이 쓰였는지 ◯ 하세요.

강아지는 온종일 우리 가족이 오기만을 기다린다. 현관 앞에서 몸을 동그랗게 말아 웅크리고 앉아서 기다린다.

② 〈보기〉의 낱말을 2개 이상 넣어 짧은 글을 써 보세요.

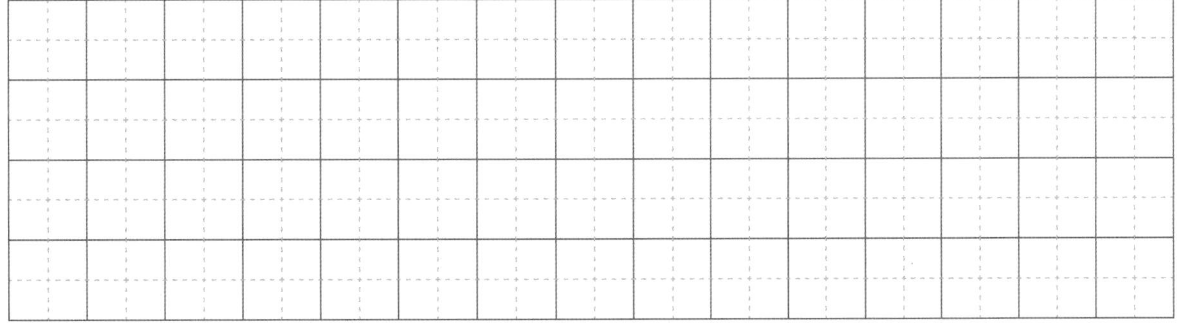

일기 쓰기 교실 7

겪은 일을 시나 노래로 나타내 보세요. 줄글을 시로 바꾸어 나타내는 방법을 보여 줄게요.

줄글

우리 집 강아지는 온종일 우리 가족이 오기만을 기다린다. 현관 앞에서 꼼짝도 안 하고 몸을 동그랗게 말아 웅크리고 앉아서 기다린다.

시

우리 집 강아지는
온종일 가족을
기다린다

현관 앞에서
꼼짝도 안 하고
몸을 동그랗게 말아
웅크리고 앉아 기다린다

우리 집 강아지는
우리 가족을
기다리고 또 기다린다

시를 쓸 때도 줄글을 쓸 때와 똑같이 생각과 느낌을 솔직하게 쓰면 돼요. 대신 시는 긴 문장을 행을 나누어 표현하고, 강조하고 싶은 부분을 반복할 수 있어서 마음을 더 잘 드러낼 수 있답니다.

년 월 일 요일 날씨 :

8급 국어 2-2) 6. 자세하게 소개해요

STEP 1 바르게 읽어야 바르게 쓸 수 있어요.

➔ 빨간색 글자의 발음에 주의하며 문장을 따라 읽어 봅시다.
불러 주는 말을 들으며 또박또박 따라 읽으세요.
발음, 띄어 읽기, 억양까지 똑같이 읽으려고 노력하세요.
여러분의 읽기 실력이 쑥쑥 자라날 거예요.

음성 듣기

❶ 동그란 안경을 끼고 있습니다.

❷ 욕심이 많고 심술궂다.

❸ 놀부는 제비 다리를 부러뜨렸다.

❹ 피노키오는 꼭두각시 인형이다.

❺ 제 짝이 새로 바뀌었어요.

❻ 키가 크고 눈썹이 진합니다.

❼ 학생들에게 공부를 가르칩니다.

❽ 여름에 바다로 여행을 떠나요.

❾ 친구와 함께 집으로 가요.

❿ 의자에 바르게 앉아 말해요.

STEP 2 낱말을 정확히 알아야 나중에 또 만나도 기억할 수 있어요.

➔ 낱말의 뜻을 알아봅시다.

욕심 많은 개

토리야,
이 책 재미있지?

응.
욕심 많은 개가
멍멍 짖다가
고기를 풍덩
물에 빠뜨리는
장면이 너무
웃겨.

맞아. 물에 비친 자기
모습인 줄도 모르고
말이야.

욕심은 자기 처지에 맞지 않게 무엇을 탐내거나
누리고자 하는 마음입니다. 지나치게 욕심을 부리지 말고
친구와 사이좋게 나누는 어린이가 됩시다.

STEP 3 뜻을 생각하며, 낱말과 문장을 익혀 보아요.

➔ 글씨를 쓰는 순서와 글자의 모양에 유의하며 써 봅시다.

① 문장을 따라 써 보세요.

❶ 동그란 안경을 끼고 있습니다.

❷ 욕심이 많고 심술궂다.

❸ 놀부는 제비 다리를 부러뜨렸다.

❹ 피노키오는 꼭두각시 인형이다.

❺ 제 짝이 새로 바뀌었어요.

색칠해진 칸에 있는 글자는
더욱 집중해서 써 볼까요?

❻ 키가 크고 눈썹이 진합니다.

❼ 학생들에게 공부를 가르칩니다.

❽ 여름에 바다로 여행을 떠나요.

❾ 친구와 함께 집으로 가요.

❿ 의자에 바르게 앉아 말해요.

② 빈칸을 채우며 따라 써 보세요.

❶ 동그란 ___을 끼고 있습니다.

❷ 욕심이 많고 ___궂다.

❸ 놀부는 제비 ___를 부러뜨렸다.

❹ 피노키오는 ___ 인형이다.

❺ 제 ___이 새로 바뀌었어요.

❻ 키가 크고 ___이 진합니다.

❼ 학생들에게 ___를 가르칩니다.

❽ 여름에 바다로 ___을 떠나요.

❾ ___와 함께 집으로 가요.

❿ ___에 바르게 앉아 말해요.

스스로 점검해 봅시다.

▪ 앞 장을 넘겨 빈칸의 낱말을 올바르게 썼는지 확인해 보세요.

음성 듣기

➔ 실전 받아쓰기! 불러 주는 말을 잘 듣고 빈칸에 받아써 봅시다.

❶

❷

❸

❹

❺

❻

❼

❽

❾

❿

스스로 점검해 봅시다.

- 맞춤법에 맞게 썼나요? ☐
- 바른 위치에서 띄어 썼나요? ☐
- 다른 사람이 잘 알아볼 수 있게 또박또박 썼나요? ☐

STEP 4 낱말 개인화: 낱말을 내 것으로 만들어요.

➔ 호랑이, 토끼, 원숭이, 펭귄, 곰 친구가 교실에서 수업을 받고 있어요.
다음 중 의자에 바르게 앉아 있는 동물을 찾아서 빈칸에 ○ 해 봅시다.

STEP 5 문장 개인화: 문장을 내 것으로 만들어요.

➔ 받아쓰기 8급에서 연습한 낱말을 사용하여 문장을 만들어 봅시다.

보기

안경, 꼭두각시, 눈썹, 바다, 여행,
심술궂다, 부러뜨리다, 바뀌다, 가르치다

① 아래 문장을 소리 내어 읽고, 〈보기〉의 어떤 낱말이 쓰였는지 ◯ 하세요.

	심	술	궂	은		동	생	이		안	경	을		부
러	뜨	렸	다	.	아	!		너	무		속	상	해	서
눈	물	이		계	속		흘	렀	다	.	눈	물	을	
모	으	면		바	다	가		될		만	큼	.		

② 〈보기〉의 낱말을 2개 이상 넣어 짧은 글을 써 보세요.

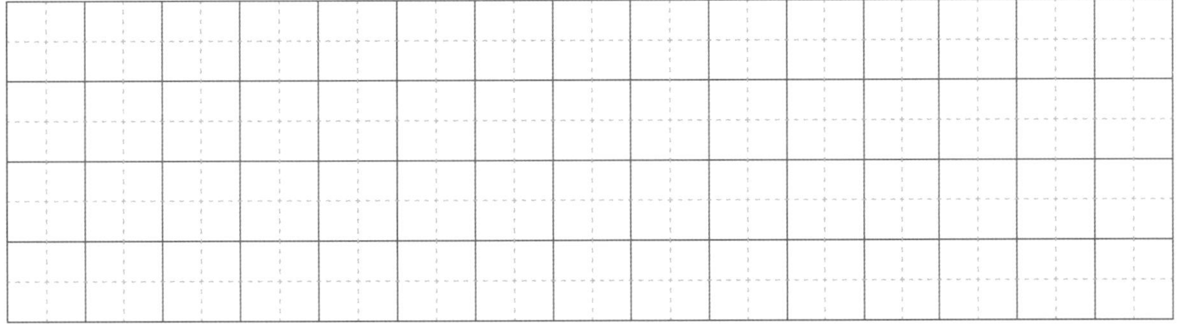

일기 쓰기 교실 8

신문이나 뉴스를 본 적이 있나요?

신문 기사를 읽거나 뉴스를 들으면 누가 무슨 일을 했는지, 언제 어디서 어떻게 사건이 일어났는지, 그 이유는 무엇인지를 알 수 있어요. 직접 보거나 듣거나 경험한 일을 신문 기사 형식으로 써 보세요. 여러분이 무슨 일을 겪었는지 더 잘 알게 되고, 나중에 쉽게 기억할 수 있어요.

신문 기사에는 '① 누가 ② 언제 ③ 어디서 ④ 무엇을 ⑤ 어떻게 ⑥ 왜'의 여섯 가지가 빠지지 않고 들어가요. 특별한 일이 있었던 날은 ①~⑥에 맞춰 기사처럼 일기를 써 봐요. 여러분이 겪은 일이 진짜 신문에 나온다면 정말 신기하겠지요? 여러분의 하루를 기사로 정리하다 보면, 언젠가 멋진 기자가 되어 사람들에게 정확하고 신속하게 소식을 알리는 기사를 쓰는 날이 정말로 올지도 몰라요.

일기 예시

	박	지	유		금	상		수	상	!				
	○	○	초	등	학	교		박	지	유		학	생	이
오	늘		아	침	에		방	송	실	에	서		교	장
선	생	님	께		편	지		쓰	기		대	회		금
상	을		받	았	다	.	박	지	유		학	생	은	
뿌	듯	하	다	고		소	감	을		말	했	다	.	

년 월 일 요일 날씨 :

9급 국어 2-2) 7. 일이 일어난 차례를 살펴요

STEP 1 바르게 읽어야 바르게 쓸 수 있어요.

➔ 빨간색 글자의 발음에 주의하며 문장을 따라 읽어 봅시다.
불러 주는 말을 들으며 또박또박 따라 읽으세요.
발음, 띄어 읽기, 억양까지 똑같이 읽으려고 노력하세요.
여러분의 읽기 실력이 쑥쑥 자라날 거예요.

음성 듣기

❶ 그 동물은 무척 부지런하지.

❷ 이사를 온 집에 놀러 갔어요.

❸ 살짝 쓰다듬어 주었어요.

❹ 어떤 계절이 계속되었나요?

❺ 불가사리의 생김새를 상상해요.

❻ 이상하게 생긴 동물일 거야.

❼ 이젠 호랑이보다 훨씬 큰걸.

❽ 얼른 쫓아가 냉큼 먹었지.

❾ 진짜 먹을 게 많은 잔치구나.

❿ 적군들은 모두 도망치고 말았지.

STEP 2 낱말을 정확히 알아야 나중에 또 만나도 기억할 수 있어요.

➔ 낱말의 뜻을 알아봅시다.

미래에 가 보지 않았는데 어떻게 그림을 그리지? 뭘 그려야 할지 도무지 모르겠어.

토리야, 눈을 감고 상상해 봐. 우리가 자유롭게 우주여행을 하고 있는 모습을 말이야.

상상은 실제로 경험하지 않은 일을 마음속으로 그려 보는 거예요.
어른이 된 여러분의 모습은 어떠할까요?
30년 후 미래의 내 모습을 상상해 봐요.

STEP 3 뜻을 생각하며, 낱말과 문장을 익혀 보아요.

➔ 글씨를 쓰는 순서와 글자의 모양에 유의하며 써 봅시다.

① 문장을 따라 써 보세요.

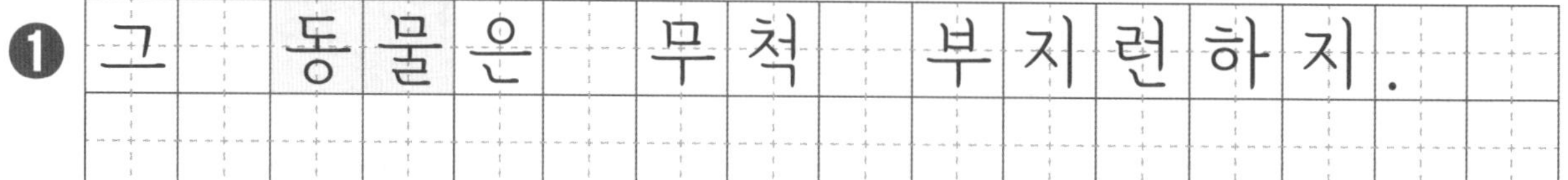

❷ 이사를 온 집에 놀러 갔어요.

❸ 살짝 쓰다듬어 주었어요.

❹ 어떤 계절이 계속되었나요?

❺ 불가사리의 생김새를 상상해요.

색칠해진 칸에 있는 글자는
더욱 집중해서 써 볼까요?

❻ 이상하게 생긴 동물일 거야.

❼ 이젠 호랑이보다 훨씬 큰걸.

❽ 얼른 쫓아가 냉큼 먹었지.

❾ 진짜 먹을 게 많은 잔치구나.

❿ 적군들은 모두 도망치고 말았지.

② 빈칸을 채우며 따라 써 보세요.

1. 고 ＿＿ 은 무척 부지런하지.
2. 이사를 온 ＿＿에 놀러 갔어요.
3. ＿＿ 쓰다듬어 주었어요.
4. 어떤 ＿＿이 계속되었나요?
5. 불가사리의 ＿＿를 상상해요.
6. 이상하게 생긴 ＿＿일 거야.
7. 이젠 ＿＿보다 훨씬 큰걸.
8. 얼른 쫓아가 ＿＿ 먹었지.
9. 진짜 먹을 게 많은 ＿＿구나.
10. 적군들은 모두 ＿＿ 치고 말았지.

스스로 점검해 봅시다.

- 앞 장을 넘겨 빈칸의 낱말을 올바르게 썼는지 확인해 보세요.

음성 듣기

실전 받아쓰기! 불러 주는 말을 잘 듣고 빈칸에 받아써 봅시다.

❶

❷

❸

❹

❺

❻

❼

❽

❾

❿

스스로 점검해 봅시다.

- 맞춤법에 맞게 썼나요? ☐
- 바른 위치에서 띄어 썼나요? ☐
- 다른 사람이 잘 알아볼 수 있게 또박또박 썼나요? ☐

STEP 4 낱말 개인화: 낱말을 내 것으로 만들어요.

➧ 바다에는 다양한 동물들이 살아요. 각 동물의 이름을 <보기>에서 찾아 써넣고 예쁘게 색칠해 봅시다.

보기

불가사리, 게, 조개, 해파리

STEP 5 문장 개인화: 문장을 내 것으로 만들어요.

➔ 받아쓰기 9급에서 연습한 낱말을 사용하여 문장을 만들어 봅시다.

보기

이사, 계절, 불가사리, 훨씬, 잔치, 적군,
부지런하다, 상상하다, 쫓아가다, 도망치다

① 아래 문장을 소리 내어 읽고, 〈보기〉의 어떤 낱말이 쓰였는지 ◯ 하세요.

	불	가	사	리		등	에		올	라	타	면		정
말		재	미	있	겠	지	?		적	군	이		도	망
치	는		모	습	을		지	켜	보	며		통	쾌	하
게		웃	을		수	도		있	고	…	…	.		

② 〈보기〉의 낱말을 2개 이상 넣어 짧은 글을 써 보세요.

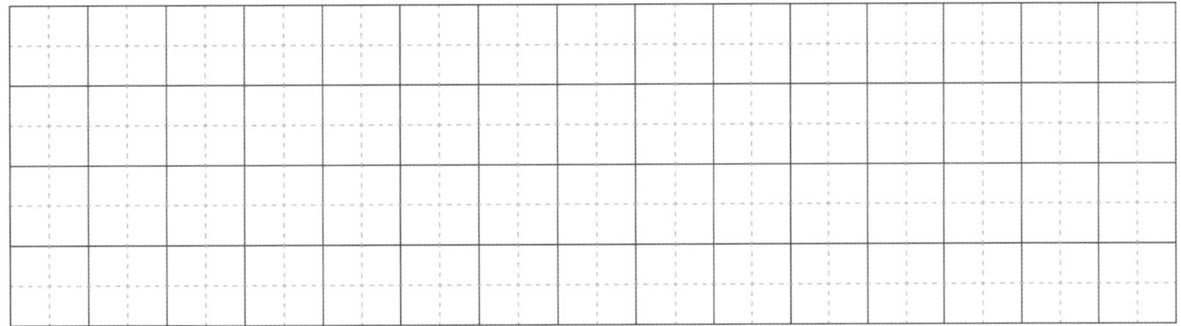

일기 쓰기 교실 9

'내가 개미만큼 작아진다면?'
'어느 날 갑자기 모든 어른이 사라진다면?'
'내 동생이 사실은 다른 은하에서 온 외계인이라면?'

"말도 안 돼! 그런데 그게 진짜라면?" 하며 사람들이 두 눈을 반짝일 만한 상상을 한번 해 보세요. 날마다 반복되는 생활에서 벗어나 즐거운 상상을 하는 것만으로도 기분이 좋아질 거예요.
여러분의 상상을 일기에 써 보세요. 완벽하지 않아도 좋아요. 짧은 한 장면에 불과해도 괜찮아요. '마법사의 세상이 있다면?' 하는 상상에서 시작한 《해리포터》 같은 멋진 작품이 여러분의 일기장에서 탄생할지도 모르니까요.

상상에 상상을 더하면
깜짝 놀랄 만한 아이디어가
떠오르기도 해!

일기 예시

	램	프	에	서		요	정	이		'	펑	!	'	하
고		나	타	나		내		소	원	을		들	어	준
다	면	?		매	일		게	임	하	기	,	하	루	에
한		번	은		빨	간		비	빔	면	을		꼭	
먹	기	,	하	늘		슝	슝		날	기	를		말	할
텐	데	…	…	.	요	정	아	,	어	디		있	니	?

년 월 일 요일 날씨 :

10급 국어 2-2) 7. 일이 일어난 차례를 살펴요

STEP 1 바르게 읽어야 바르게 쓸 수 있어요.

➔ 빨간색 글자의 발음에 주의하며 문장을 따라 읽어 봅시다.
불러 주는 말을 들으며 또박또박 따라 읽으세요.
발음, 띄어 읽기, 억양까지 똑같이 읽으려고 노력하세요.
여러분의 읽기 실력이 쑥쑥 자라날 거예요.

음성 듣기

1. 공주는 성에 살고 있었습니다.
2. 뜨거운 불길을 내뿜었습니다.
3. 왕자를 잡아가 버렸습니다.
4. 다시 문을 쾅쾅 두드렸습니다.
5. 용이 삐죽 코를 내밀었습니다.
6. 표정과 몸짓으로 흉내 내요.
7. 뒷이야기를 상상해 꾸며 봅시다.
8. 재미있는 부분은 어디인가요?
9. 산속에 노부부가 살고 있었어요.
10. 젊은 청년으로 변했습니다.

STEP 2 낱말을 정확히 알아야 나중에 또 만나도 기억할 수 있어요.

➔ 낱말의 뜻을 알아봅시다.

우아,
정말 멋져!

우리도
따라서
춰 보자.

토리야, 네 몸짓이
완전 아이돌 같아.

춤에
소질이
있나 봐.
하하하.
나도 나도

경찰이 몸짓으로 신호를 알려 주면서 교통정리를
하는 모습을 본 적이 있나요?
몸짓은 몸을 움직이는 모양을 말해요.

STEP 3 뜻을 생각하며, 낱말과 문장을 익혀 보아요.

➔ 글씨를 쓰는 순서와 글자의 모양에 유의하며 써 봅시다.

① 문장을 따라 써 보세요.

❶ 공주는 성에 살고 있었습니다.

❷ 뜨거운 불길을 내뿜었습니다.

❸ 왕자를 잡아가 버렸습니다.

❹ 다시 문을 쾅쾅 두드렸습니다.

❺ 용이 삐죽 코를 내밀었습니다.

색칠해진 칸에 있는 글자는
더욱 집중해서 써 볼까요?

❻ 표정과 몸짓으로 흉내 내요.

❼ 뒷이야기를 상상해 꾸며 봅시다.

❽ 재미있는 부분은 어디인가요?

❾ 산속에 노부부가 살고 있었어요.

❿ 젊은 청년으로 변했습니다.

② 빈칸을 채우며 따라 써 보세요.

❶ 공주는 에 살고 있었습니다.

❷ 뜨거운 을 내뿜었습니다.

❸ 를 잡아가 버렸습니다.

❹ 다시 을 쾅쾅 두드렸습니다.

❺ 용이 삐죽 를 내밀었습니다.

❻ 표정과 으로 흉내 내요.

❼ 뒷이야기를 해 꾸며 봅시다.

❽ 재미있는 은 어디인가요?

❾ 산속에 가 살고 있었어요.

❿ 젊은 으로 변했습니다.

스스로 점검해 봅시다.

- 앞 장을 넘겨 빈칸의 낱말을 올바르게 썼는지 확인해 보세요.

음성 듣기

실전 받아쓰기! 불러 주는 말을 잘 듣고 빈칸에 받아써 봅시다.

1

2

3

4

5

6

7

8

9

10

스스로 점검해 봅시다.

- 맞춤법에 맞게 썼나요? ☐
- 바른 위치에서 띄어 썼나요? ☐
- 다른 사람이 잘 알아볼 수 있게 또박또박 썼나요? ☐

STEP 4 낱말 개인화: 낱말을 내 것으로 만들어요.

➡ 그림을 보고 뒷이야기를 상상해요. 상상한 내용을 쓰고 그림을 그려 봅시다.

욕심쟁이 영감은 갑자기 코가 길어진 뒤로 줄어들지 않아 걱정했어요.

마음씨 착한 영감은 가지고 있던 두 부채 중 하얀 부채로 욕심쟁이 영감의 코를 줄여 주었어요.

욕심쟁이 영감은 자신의 재산을 착한 영감의 부채와 바꾸었어요. 그리고 파란 부채를 계속 부쳐서 자기 코를 점점 커지게 했어요.

STEP 5 문장 개인화: 문장을 내 것으로 만들어요.

➜ 받아쓰기 10급에서 연습한 낱말을 사용하여 문장을 만들어 봅시다.

보기

공주, 불길, 삐죽, 뒷이야기, 노부부, 청년,
내뿜다, 잡아가다, 내밀다, 젊다, 변하다

① 아래 문장을 소리 내어 읽고, 〈보기〉의 어떤 낱말이 쓰였는지 ◯ 하세요.

	불	길	을		헤	치	고		왕	자	를		구	해
낸		공	주	는		어	떤		모	습	이	었	을	지
궁	금	하	다	.	치	렁	치	렁	한		드	레	스	를
입	지	는		않	았	을		것		같	다	.		

② 〈보기〉의 낱말을 2개 이상 넣어 짧은 글을 써 보세요.

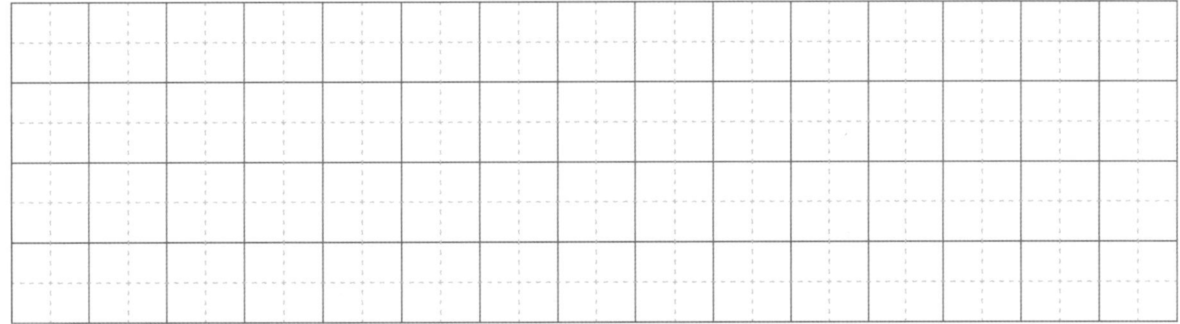

일기 쓰기 교실 10

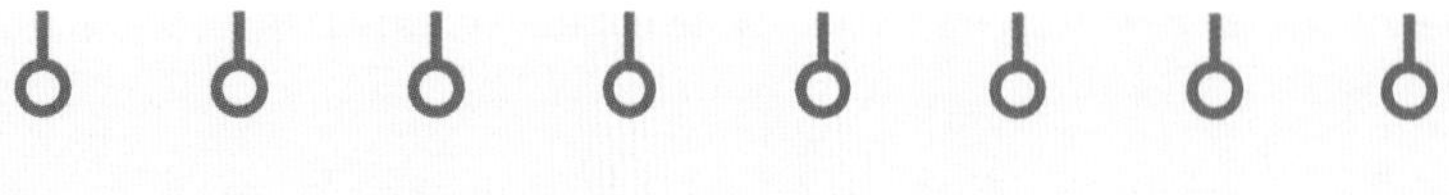

책을 흥미진진하게 감상하고, 일기를 재미있게 완성하는 비법을 하나 공개할게요. 그림 작가가 되어 보는 거예요. 이렇게요.

① 친구와 함께 좋아하는 책을 서로 읽어 줘요.
② 친구가 책을 읽어 줄 땐 눈을 감고, 책을 보지 않아요.
③ 책 속 인물이 어떤 모습일지 상상해요.
④ 일기장에 책 속 인물의 모습을 상상해서 그려요.
⑤ 내가 그린 인물과 책에 나온 인물을 비교해요.

어쩌면 여러분에게 아주 생생하고 재미있게 그림을 그리는 재주가 있다는 걸 발견할지도 몰라요. 여러분의 상상 속에 있는 주인공이 세상에 나오는 날을 기다려 봅니다.

일기 예시

로버트 문치가 쓴
《종이 봉지 공주》의 인물을
상상해서 그린 그림이야.

년 월 일 요일 날씨 :

11급 국어 2-2) 8. 바르게 말해요

STEP 1 바르게 읽어야 바르게 쓸 수 있어요.

➔ 빨간색 글자의 발음에 주의하며 문장을 따라 읽어 봅시다.
불러 주는 말을 들으며 또박또박 따라 읽으세요.
발음, 띄어 읽기, 억양까지 똑같이 읽으려고 노력하세요.
여러분의 읽기 실력이 쑥쑥 자라날 거예요.

음성 듣기

❶ 추석 때 중국에 갔다 왔니?

❷ 중국은 우리나라랑 다르구나.

❸ 농구와 축구는 규칙이 다릅니다.

❹ 일기에 틀린 글자가 있습니다.

❺ 나와 형은 생김새가 다릅니다.

❻ 우리말을 소중히 여겨야 해.

❼ 어머니께서 보름달을 가리키셨어.

❽ 우리 가족은 야영을 했다.

❾ 저녁으로 주먹밥을 먹었다.

❿ 알림 활동을 해 보세요.

STEP 2 낱말을 정확히 알아야 나중에 또 만나도 기억할 수 있어요.

➔ 낱말의 뜻을 알아봅시다.

학교 폭력은
안 돼요!
친구 사랑
내가 먼저

학교 폭력 예방 알림 활동을
하는 중인가 봐~.

폭력은 정말
나쁜 거야.
꼬미야,
우리도 같이
알림 활동
하자.

알림장은 과제와 준비물을 적어서 부모님께 알려드리는 공책이지요? 알림은 알리는 일을 말해요. 알림 활동은 올바른 일을 많은 사람에게 널리 알리는 일이랍니다.

STEP 3 뜻을 생각하며, 낱말과 문장을 익혀 보아요.

➜ 글씨를 쓰는 순서와 글자의 모양에 유의하며 써 봅시다.

① 문장을 따라 써 보세요.

❶ 추석 때 중국에 갔다 왔니?

❷ 중국은 우리나라랑 다르구나.

❸ 농구와 축구는 규칙이 다릅니다.

❹ 일기에 틀린 글자가 있습니다.

❺ 나와 형은 생김새가 다릅니다.

색칠해진 칸에 있는 글자는
더욱 집중해서 써 볼까요?

❻ 우리말을 소중히 여겨야 해.

❼ 어머니께서 보름달을 가리키셨어.

❽ 우리 가족은 야영을 했다.

❾ 저녁으로 주먹밥을 먹었다.

❿ 알림 활동을 해 보세요.

② 빈칸을 채우며 따라 써 보세요.

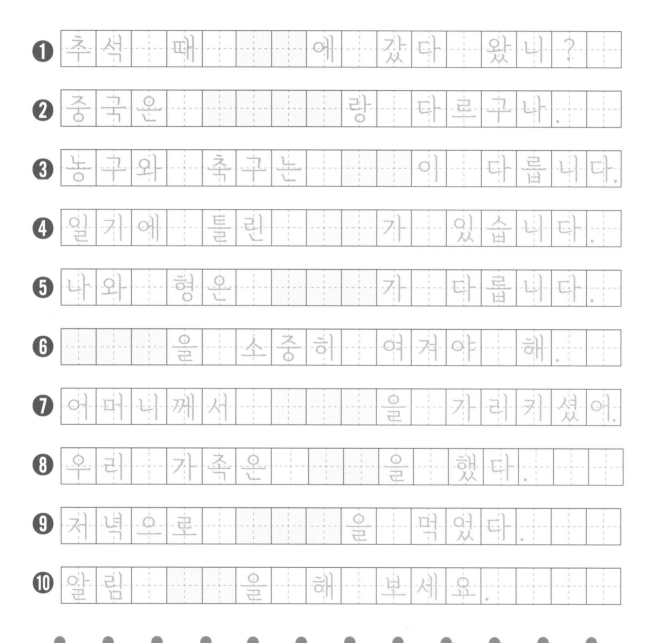

❶ 추석 때 ______에 갔다 왔니?

❷ 중국은 ______랑 다르구나.

❸ 농구와 축구는 ______이 다릅니다.

❹ 일기에 틀린 ______가 있습니다.

❺ 나와 형은 ______가 다릅니다.

❻ ______을 소중히 여겨야 해.

❼ 어머니께서 ______을 가리키셨어.

❽ 우리 가족은 ______을 했다.

❾ 저녁으로 ______을 먹었다.

❿ 알림 ______을 해 보세요.

스스로 점검해 봅시다.

- 앞 장을 넘겨 빈칸의 낱말을 올바르게 썼는지 확인해 보세요.

음성 듣기

➔ 실전 받아쓰기! 불러 주는 말을 잘 듣고 빈칸에 받아써 봅시다.

❶

❷

❸

❹

❺

❻

❼

❽

❾

❿

스스로 점검해 봅시다.

- 맞춤법에 맞게 썼나요? ☐
- 바른 위치에서 띄어 썼나요? ☐
- 다른 사람이 잘 알아볼 수 있게 또박또박 썼나요? ☐

STEP 4 낱말 개인화: 낱말을 내 것으로 만들어요.

➔ 그림을 보고 서로 다른 점을 찾아 써 봅시다.

공의 ( )이/(가) 다르다.

과일의 ( )이/(가) 다르다.

STEP 5 문장 개인화: 문장을 내 것으로 만들어요.

➔ 받아쓰기 11급에서 연습한 낱말을 사용하여 문장을 만들어 봅시다.

보기

추석, 중국, 우리말, 야영, 주먹밥,
틀리다, 여기다, 가리키다, 먹다

① 아래 문장을 소리 내어 읽고, 〈보기〉의 어떤 낱말이 쓰였는지 ◯ 하세요.

중국의 추석이 '중추절'이라는 걸 학교에서 배웠다. 우리의 추석과 중국의 중추절이 어떻게 다른지 알아봐야지.

② 〈보기〉의 낱말을 2개 이상 넣어 짧은 글을 써 보세요.

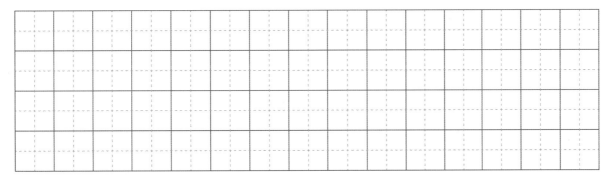

일기 쓰기 교실 11

- 엄마 김치보다 할머니 김치가 더 맵다.
- 1학년 땐 교실이 1층이었는데, 2학년이 되니 2층이 됐다.
- OO 문구점엔 인기 스티커가 많고, △△ 문구점엔 예쁜 펜이 많다.

우리는 생활하면서 비교할 일이 많아요. 나와 친구의 비슷한 점이나 다른 점, 우리나라와 북한 어린이들의 학교생활, 1년 전의 나와 지금의 나 등 알게 된 점이나 더 알고 싶은 점을 생각하면서 비교해 보세요. 비교할 대상과 기준을 정하고, 곰곰이 관찰하고 조사해 보세요. 여러분이 생각하지도 못한 흥미로운 사실을 알게 되거나 자신뿐 아니라 다른 사람에게도 유용한 정보를 발견하게 될 거예요.

꼬미와 나의
비슷한 점과 다른 점을 찾아볼까?
비교해 봐야지.

일기 예시

	장	수	풍	뎅	이		수	컷	과		암	컷	은	
크	기	와		생	김	새	가		다	른	다	.	수	컷
은		몸	집	이		암	컷	보	다		크	고	,	한
눈	에		봐	도		큰		뿔	이		멋	지	다	.
암	컷	은		수	컷	보	다		몸	집	이		작	고
뿔	도		작	다	.									

년 월 일 요일 날씨 :

12급 국어 2-2) 9. 주요 내용을 찾아요

STEP 1 바르게 읽어야 바르게 쓸 수 있어요.

➔ 빨간색 글자의 발음에 주의하며 문장을 따라 읽어 봅시다.
불러 주는 말을 들으며 또박또박 따라 읽으세요.
발음, 띄어 읽기, 억양까지 똑같이 읽으려고 노력하세요.
여러분의 읽기 실력이 쑥쑥 자라날 거예요.

음성 듣기

❶ 우리 반 교실이 지저분합니다.

❷ 쓰레기가 점점 많아지고 있어요.

❸ 얘들아, 이 연필 주인 누구니?

❹ 학용품에는 꼭 이름을 쓰자.

❺ 나는 한 입도 못 먹었습니다.

❻ 음식을 먹고 이를 닦았니?

❼ 이가 썩은 까닭은 무엇일까요?

❽ 숲은 어떤 도움을 주나요?

❾ 맑은 공기를 만들어 냅니다.

❿ 건강을 지킬 수 있습니다.

STEP 2 낱말을 정확히 알아야 나중에 또 만나도 기억할 수 있어요.

➔ 낱말의 뜻을 알아봅시다.

꼬미야, 많이 불편하지? 내가 뭐 도와줄까? 도움이 필요하면 언제든지 얘기해.
토리야, 고마워. 네 도움이 필요할 때 이야기할게.

꼬미야, 내가 우산 들어 줄게. 같이 쓰고 가자.
토리는 언제나 상냥해.

도움은 남을 돕는 일을 말해요. 우리 주위에 도움이 필요한 친구나 이웃이 있는지 잘 살피도록 해요. 내가 남을 도와주면, 다른 사람도 내가 힘들 때 도움을 줄 거예요.

STEP 3 뜻을 생각하며, 낱말과 문장을 익혀 보아요.

➔ 글씨를 쓰는 순서와 글자의 모양에 유의하며 써 봅시다.

① 문장을 따라 써 보세요.

❶ 우리 반 교실이 지저분합니다.

❷ 쓰레기가 점점 많아지고 있어요.

❸ 얘들아, 이 연필 주인 누구니?

❹ 학용품에는 꼭 이름을 쓰자.

❺ 나는 한 입도 못 먹었습니다.

색칠해진 칸에 있는 글자는
더욱 집중해서 써 볼까요?

❻ 음식을 먹고 이를 닦았니?

❼ 이가 썩은 까닭은 무엇일까요?

❽ 숲은 어떤 도움을 주나요?

❾ 맑은 공기를 만들어 냅니다.

❿ 건강을 지킬 수 있습니다.

② 빈칸을 채우며 따라 써 보세요.

❶ 우리 반 ___ 이 지저분합니다.

❷ ___ 가 점점 많아지고 있어요.

❸ 얘들아, 이 ___ 주인 누구니?

❹ ___ 에는 꼭 이름을 쓰자.

❺ 나는 한 ___ 도 못 먹었습니다.

❻ 음식을 먹고 ___ 를 닦았니?

❼ 이가 썩은 ___ 은 무엇일까요?

❽ 숲은 어떤 ___ 을 주나요?

❾ 맑은 ___ 를 만들어 냅니다.

❿ ___ 을 지킬 수 있습니다.

스스로 점검해 봅시다.

▪ 앞 장을 넘겨 빈칸의 낱말을 올바르게 썼는지 확인해 보세요.

음성 듣기

➜ 실전 받아쓰기! 불러 주는 말을 잘 듣고 빈칸에 받아써 봅시다.

1

2

3

4

5

6

7

8

9

10

스스로 점검해 봅시다.

- 맞춤법에 맞게 썼나요? ☐
- 바른 위치에서 띄어 썼나요? ☐
- 다른 사람이 잘 알아볼 수 있게 또박또박 썼나요? ☐

STEP 4 낱말 개인화: 낱말을 내 것으로 만들어요.

➔ 올바른 이 닦기 방법을 알아봐요. 나는 이를 얼마나 잘 닦았는지 ○ 해 봅시다.

이 닦기 방법	잘했어요	보통이에요	못했어요
음식물을 먹고 3분 후에 이를 닦아요.			
3분 동안 꼼꼼하게 이를 닦아요.			
하루에 3번 이상 이를 닦아요.			
부드럽게 원을 그리며 닦아요.			
치약이 남지 않도록 물로 여러 번 헹구어 내요.			

STEP 5 문장 개인화: 문장을 내 것으로 만들어요.

➔ 받아쓰기 12급에서 연습한 낱말을 사용하여 문장을 만들어 봅시다.

보기

교실, 쓰레기, 학용품, 까닭, 숲,
지저분하다, 많아지다, 닦다, 맑다, 지키다

① 아래 문장을 소리 내어 읽고, 〈보기〉의 어떤 낱말이 쓰였는지 ◯ 하세요.

	교	실	에	서		잃	어	버	리	는		학	용	품
이		많	아	져	서		‘	주	인	을		찾	습	니
다	’	바	구	니	가		꽉		찼	다	.	주	인	을
못		찾	는		까	닭	이		뭘	까	?			

② 〈보기〉의 낱말을 2개 이상 넣어 짧은 글을 써 보세요.

일기 쓰기 교실 12

여러분이 경험한 일에 ○ 해 보세요.

- (　　) 교실 쓰레기통 주변이 더럽다.
- (　　) 복도에서 뛰는 친구와 부딪혔다.
- (　　) 시끄럽게 떠드는 소리 때문에 선생님 말씀을 못 들었다.

우리는 생활하면서 크고 작은 문제를 만나요. 주변 문제에 관심을 갖고 '왜 이런 일이 생겼지?', '이런 문제가 생기지 않게 하려면 어떻게 해야 할까?' 곰곰이 생각하고 써 보세요. 생각보다 여러분이 해결할 수 있는 문제가 많다는 걸 알게 될 거예요.

문제의 해결 방법을 찾다 보면 멋진 발명품을 생각해 낼지도 몰라요. 우리 생활을 편리하게 해 주는 대부분의 발명품은 '문제가 있네. 불편한걸?' → '왜 그럴까?' → '어떻게 해결하지?' 하고 생각하는 과정에서 탄생했답니다.

문제가 왜 생겼는지부터 알아야
해결 방법을 찾을 수 있어!

일기 예시

	학	교	에	서		시	력		검	사	를		했	다.
왼	쪽		눈	이		0.3	,	오	른	쪽		눈	은	
0.5	가		나	왔	다	.	핸	드	폰		때	문	에	
시	력	이		나	빠	지	는		사	람	이		많	다
는	데	,	눈	을		좋	아	지	게		만	드	는	
앱	을		만	들		수	는		없	을	까	?		

년 월 일 요일 날씨 :

13급 국어 2-2) 9. 주요 내용을 찾아요

STEP 1 바르게 읽어야 바르게 쓸 수 있어요.

➔ 빨간색 글자의 발음에 주의하며 문장을 따라 읽어 봅시다.
불러 주는 말을 들으며 또박또박 따라 읽으세요.
발음, 띄어 읽기, 억양까지 똑같이 읽으려고 노력하세요.
여러분의 읽기 실력이 쑥쑥 자라날 거예요.

음성 듣기

❶ 숲은 산사태를 예방해 줍니다.

❷ 마음을 편안하게 해 줍니다.

❸ 돈을 주고도 살 수 없어요.

❹ 좋은 방법이 떠오르지 않았다.

❺ 이삿짐 싸기가 힘들잖아요.

❻ 어떤 것도 최고일 수는 없어.

❼ 함께일 때 완전한 힘을 가져요.

❽ 자연을 보호하고 아껴야 해요.

❾ 꽃을 함부로 꺾지 말아요.

❿ 그만 화 풀고 사이좋게 지내자.

STEP 2 낱말을 정확히 알아야 나중에 또 만나도 기억할 수 있어요.

➔ 낱말의 뜻을 알아봅시다.

나 오늘 학교 끝나고
엄마랑 주사 맞으러
병원에 가야 해.

아니,
병원에 왜
가? 꼬미야,
너 어디 아파?

아파서가
아니라, 독감
예방 접종
때문에
가는 거야.

아, 나도 예방 주사
맞은 적 있어.

예방 주사를 맞은 경험이 있나요?
산불 예방 그림 그리기를 한 적은요?
예방은 질병이나 재해 따위가 일어나기 전에
미리 대처하여 막는 일을 말해요.

STEP 3 뜻을 생각하며, 낱말과 문장을 익혀 보아요.

➔ 글씨를 쓰는 순서와 글자의 모양에 유의하며 써 봅시다.

① 문장을 따라 써 보세요.

❶ 숲은 산사태를 예방해 줍니다.

❷ 마음을 편안하게 해 줍니다.

❸ 돈을 주고도 살 수 없어요.

❹ 좋은 방법이 떠오르지 않았다.

❺ 이삿짐 싸기가 힘들잖아요.

색칠해진 칸에 있는 글자는
더욱 집중해서 써 볼까요?

❻ 어떤 것도 최고일 수는 없어.

❼ 함께일 때 완전한 힘을 가져요.

❽ 자연을 보호하고 아껴야 해요.

❾ 꽃을 함부로 꺾지 말아요.

❿ 그만 화 풀고 사이좋게 지내자.

② 빈칸을 채우며 따라 써 보세요.

❶ 숲은 를 예방해 줍니다.

❷ 마음을 하게 해 줍니다.

❸ 을 주고도 살 수 없어요.

❹ 좋은 이 떠오르지 않았다.

❺ 싸기가 힘들잖아요.

❻ 어떤 것도 일 수는 없어.

❼ 함께일 때 완전한 을 가져요.

❽ 자연을 하고 아껴야 해요.

❾ 을 함부로 꺾지 말아요.

❿ 그만 풀고 사이좋게 지내자.

스스로 점검해 봅시다.

▪ 앞 장을 넘겨 빈칸의 낱말을 올바르게 썼는지 확인해 보세요.

음성 듣기

➔ 실전 받아쓰기! 불러 주는 말을 잘 듣고 빈칸에 받아써 봅시다.

❶

❷

❸

❹

❺

❻

❼

❽

❾

❿

스스로 점검해 봅시다.

- 맞춤법에 맞게 썼나요? ☐
- 바른 위치에서 띄어 썼나요? ☐
- 다른 사람이 잘 알아볼 수 있게 또박또박 썼나요? ☐

STEP 4 낱말 개인화: 낱말을 내 것으로 만들어요.

➔ 자연을 보호하고 아끼기 위한 나의 다짐을 써 봅시다.

나는 자연을 보호하기 위해

____

예시) 쓰레기를 휴지통에 버립니다.

STEP 5 문장 개인화: 문장을 내 것으로 만들어요.

➜ 받아쓰기 13급에서 연습한 낱말을 사용하여 문장을 만들어 봅시다.

보기

산사태, 방법, 이삿짐, 최고, 함부로,
예방하다, 힘들다, 완전하다, 아끼다

① 아래 문장을 소리 내어 읽고, 〈보기〉의 어떤 낱말이 쓰였는지 ◯ 하세요.

	친	구	가		내	가		아	끼	는		지	우	개
를		함	부	로		써	서		망	가	뜨	렸	다	.
기	분	이		정	말		나	빴	다	.	친	구	가	
사	과	해	서		좀		기	분	이		나	아	졌	다.

② 〈보기〉의 낱말을 2개 이상 넣어 짧은 글을 써 보세요.

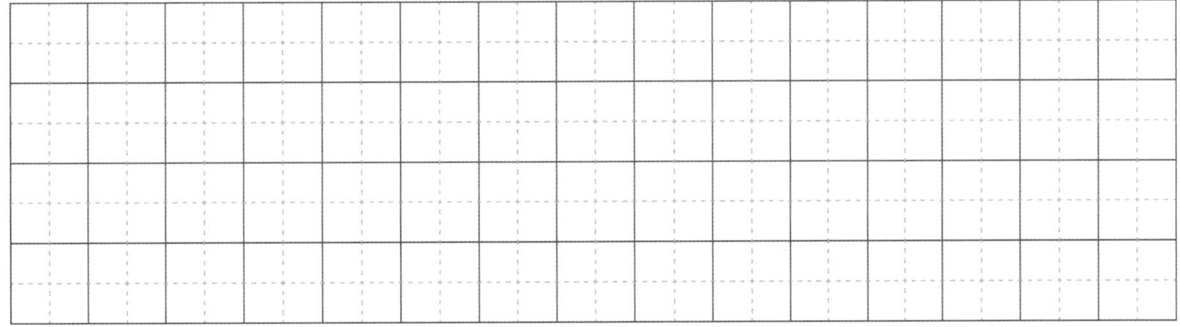

일기 쓰기 교실 13

내가 전달하고자 하는 내용을 표현하는 방법은 여러 가지예요.
뭔가를 만드는 방법을 설명할 땐 글을 길게 줄줄 쓰는 것보다 번호를 붙이는 게 훨씬 이해하기 쉬워요. 처음 본 과일을 설명할 땐 글만 쓰는 것보다 사진이나 그림을 함께 제시하는 게 더 효과적이겠지요? 여기저기 옮겨 다닌 장소를 설명할 땐 그림지도가 좋을 테고요.

여러분이 무엇인가를 잘 아는 것도 중요하지만, 아는 것을 효과적으로 표현할 수 있는 방법을 선택하는 것도 중요한 능력이랍니다. 일기 주제가 떠오르면 무작정 연필을 들고 '오늘은'부터 쓰지 말고, '이걸 어떻게 표현하는 게 좋을까?' 하고 고민해 보세요.

제목은
<소풍 도시락>이야.
그림으로 표현하니까 엄마가 싸 준
도시락을 한눈에 볼 수 있어.

일기 예시

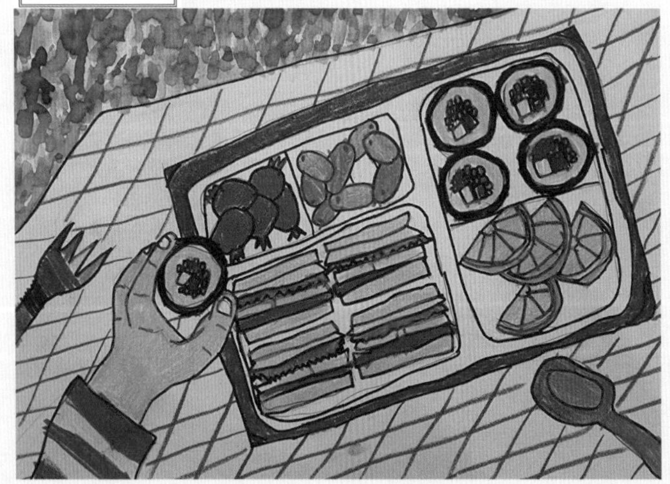

년 월 일 요일 날씨 :

14급 국어 2-2) 10. 칭찬하는 말을 주고받아요

STEP 1 바르게 읽어야 바르게 쓸 수 있어요.

➔ 빨간색 글자의 발음에 주의하며 문장을 따라 읽어 봅시다.
불러 주는 말을 들으며 또박또박 따라 읽으세요.
발음, 띄어 읽기, 억양까지 똑같이 읽으려고 노력하세요.
여러분의 읽기 실력이 쑥쑥 자라날 거예요.

음성 듣기

❶ 긴 여행도 거뜬히 해낼 거야.

❷ 모두 힘을 낼 수 있었어요.

❸ 선생님께 칭찬을 들었구나.

❹ 너는 정말 발표를 잘해.

❺ 겸손한 태도로 대답해요.

❻ 넌 축구를 참 잘하는구나.

❼ 열심히 연습한 결과인 것 같아.

❽ 동네를 깨끗이 청소해 주셨다.

❾ 쓰레기를 잘 치워 주셨어요.

❿ 의사 선생님의 진료를 받았다.

STEP 2 낱말을 정확히 알아야 나중에 또 만나도 기억할 수 있어요.

➔ 낱말의 뜻을 알아봅시다.

소아과
이번 차례는 토리예요. 진료실 안으로 들어와 주세요.

선생님, 저 목도 아파요.

목이 많이 부었네. 처방한 약 잘 챙겨 먹고, 다음 진료 때 만나요.

진료를 받고 나니까 병이 나은 기분이에요. 의사 선생님 말씀대로 따뜻한 물을 자주 마셔야겠어요.
병원

병원에 가면 접수를 하고 의사 선생님께 진찰을 받지요?
진료는 의사 선생님이 환자를 진찰하고 치료하는 일을 말해요.

STEP 3 뜻을 생각하며, 낱말과 문장을 익혀 보아요.

➔ 글씨를 쓰는 순서와 글자의 모양에 유의하며 써 봅시다.

① 문장을 따라 써 보세요.

❶ 긴 여행도 거뜬히 해낼 거야.

❷ 모두 힘을 낼 수 있었어요.

❸ 선생님께 칭찬을 들었구나.

❹ 너는 정말 발표를 잘해.

❺ 겸손한 태도로 대답해요.

색칠해진 칸에 있는 글자는
더욱 집중해서 써 볼까요?

❻ 넌 축구를 참 잘하는구나.

❼ 열심히 연습한 결과인 것 같아.

❽ 동네를 깨끗이 청소해 주셨다.

❾ 쓰레기를 잘 치워 주셨어요.

❿ 의사 선생님의 진료를 받았다.

② 빈칸을 채우며 따라 써 보세요.

❶ 긴 　 도 거뜬히 해낼 거야.

❷ 모두 　 을 낼 수 있었어요.

❸ 선생님께 　 을 들었구나.

❹ 너는 정말 　 를 잘해.

❺ 　 한 태도로 대답해요.

❻ 넌 　 를 참 잘하는구나.

❼ 열심히 　 한 결과인 것 같아.

❽ 동네를 깨끗이 　 해 주셨다.

❾ 　 를 잘 치워 주셨어요.

❿ 의사 선생님의 　 를 받았다.

스스로 점검해 봅시다.

▪ 앞 장을 넘겨 빈칸의 낱말을 올바르게 썼는지 확인해 보세요.

음성 듣기

실전 받아쓰기! 불러 주는 말을 잘 듣고 빈칸에 받아써 봅시다.

❶

❷

❸

❹

❺

❻

❼

❽

❾

❿

스스로 점검해 봅시다.

- 맞춤법에 맞게 썼나요? ························ ☐
- 바른 위치에서 띄어 썼나요? ················ ☐
- 다른 사람이 잘 알아볼 수 있게 또박또박 썼나요? ···························· ☐

STEP 4 낱말 개인화: 낱말을 내 것으로 만들어요.

➜ 발표를 잘하기 위한 방법을 알아봐요. 다음 중 발표를 잘하고 있는 친구의 모습을 찾아서 빈칸에 ◯ 해 봅시다.

발표 잘하는 방법

- 알맞은 크기의 목소리로 말해요.
- 적당한 속도로 또박또박 말해요.
- 허리를 펴고 바른 자세로 말해요.

STEP 5 문장 개인화: 문장을 내 것으로 만들어요.

➜ 받아쓰기 14급에서 연습한 낱말을 사용하여 문장을 만들어 봅시다.

보기

여행, 칭찬, 발표, 연습, 깨끗이,
해내다, 잘하다, 청소하다, 치우다

① 아래 문장을 소리 내어 읽고, 〈보기〉의 어떤 낱말이 쓰였는지 ◯ 하세요.

처음에는 대답도 잘 못하던 승준이가 오늘은 발표도 거뜬하게 해냈다. 연습을 많이 했다며 승준이가 웃었다.

② 〈보기〉의 낱말을 2개 이상 넣어 짧은 글을 써 보세요.

일기 쓰기 교실 14

칭찬을 받으면 기분이 어떤가요? 내 자신이 자랑스러울 거예요. 칭찬받은 일을 더 잘하고 싶은 마음도 들 테고요. 여러분도 주변 사람에게 기분 좋은 칭찬을 할 수 있어요. 형제자매나 친구뿐 아니라 부모님, 선생님도 여러분의 칭찬을 들으면 정말 행복하답니다.

주변 사람을 잘 살펴보고, 칭찬할 점을 발견해서 써 보세요. '똑똑하다', '잘생겼다'처럼 그 사람이 타고난 점 말고, 그 사람이 노력해서 이룬 일을 칭찬하면 더 좋아요. '글씨를 잘 쓴다', '잘 웃는다', '말투가 따뜻하다' 등 사소하지만 여러분에게는 특별하게 다가온 점을 콕 집어서 구체적으로 써 보세요. 칭찬하는 글을 쓰다 보면, 여러분도 어느새 칭찬을 받을 만한 사람이 되어 있을 거예요.

다른 친구는
어떤 일기를 썼을까?

일기 예시

	엄	마	는		고	소	하	고		짭	조	름	한	
간	장		달	걀	밥	이	랑		생	각	만		해	도
침	이		고	이	는		소	갈	비	찜	을		잘	
하	신	다	.	말	하	지		않	아	도		내		입
맛	에		꼭		맞	는		음	식	을		척	척	
만	드	는		엄	마	를		칭	찬	하	고		싶	다.

년 월 일 요일 날씨 :

15급 국어 2-2) 11. 실감 나게 표현해요

STEP 1 바르게 읽어야 바르게 쓸 수 있어요.

➔ 빨간색 글자의 발음에 주의하며 문장을 따라 읽어 봅시다.
불러 주는 말을 들으며 또박또박 따라 읽으세요.
발음, 띄어 읽기, 억양까지 똑같이 읽으려고 노력하세요.
여러분의 읽기 실력이 쑥쑥 자라날 거예요.

음성 듣기

❶ 떡 하나 주면 안 잡아먹지!

❷ 팽이가 곧 넘어질 것 같아.

❸ 이 정도 크기면 괜찮을까?

❹ 인형이 혼자 걷고 있잖아?

❺ 재미있는 공연을 볼 수 있어.

❻ 네 코는 점점 길어질 거야.

❼ 목소리를 조금 작게 해 볼까?

❽ 불 앞에 쪼그리고 앉았어.

❾ 호랑이가 벌러덩 쿵 넘어졌어.

❿ 인형극을 재미있게 볼 수 있어.

STEP 2 낱말을 정확히 알아야 나중에 또 만나도 기억할 수 있어요.

➔ 낱말의 뜻을 알아봅시다.

토리야, 우리 발표회 때 같이 태권도 하자.
난 태권도를 잘 못해서 공연하는 건 자신이 없어.

열심히 연습하면 잘할 수 있어. 우리 함께 멋진 공연을 만들어 보자.

발표회에서 멋진 공연을 펼친 경험이 있나요?
공연은 음악, 무용, 연극 등을 많은 사람 앞에서 보이는 일을 말해요.

STEP 3 뜻을 생각하며, 낱말과 문장을 익혀 보아요.

➔ 글씨를 쓰는 순서와 글자의 모양에 유의하며 써 봅시다.

① 문장을 따라 써 보세요.

❶ 떡 하나 주면 안 잡아먹지!

❷ 팽이가 곧 넘어질 것 같아.

❸ 이 정도 크기면 괜찮을까?

❹ 인형이 혼자 걷고 있잖아?

❺ 재미있는 공연을 볼 수 있어.

색칠해진 칸에 있는 글자는
더욱 집중해서 써 볼까요?

❻ 네 코는 점점 길어질 거야.

❼ 목소리를 조금 작게 해 볼까?

❽ 불 앞에 쪼그리고 앉았어.

❾ 호랑이가 벌러덩 쿵 넘어졌어.

❿ 인형극을 재미있게 볼 수 있어.

② 빈칸을 채우며 따라 써 보세요.

❶			하	나		주	면		안		잡	아	먹	지	!	
❷			가		곧		넘	어	질		것		같	아	.	
❸	이		정	도				면		괜	찮	을	까	?		
❹			이		혼	자		걷	고		있	잖	아	?		
❺	재	미	있	는				울		볼		수		있	어	.
❻	네			는		점	점		길	어	질		거	야	.	
❼				를		조	금		작	게		해		볼	까	?
❽			앞	에		쪼	그	리	고		앉	았	어	.		
❾				가		벌	러	덩		쿵		넘	어	졌	어	.
❿				을		재	미	있	게		볼		수		있	어.

스스로 점검해 봅시다.

- 앞 장을 넘겨 빈칸의 낱말을 올바르게 썼는지 확인해 보세요.

➔ 실전 받아쓰기! 불러 주는 말을 잘 듣고 빈칸에 받아써 봅시다.

음성 듣기

❶

❷

❸

❹

❺

❻

❼

❽

❾

❿

스스로 점검해 봅시다.

- 맞춤법에 맞게 썼나요? ······················ ☐
- 바른 위치에서 띄어 썼나요? ················· ☐
- 다른 사람이 잘 알아볼 수 있게 또박또박 썼나요? ························· ☐

STEP 4 낱말 개인화: 낱말을 내 것으로 만들어요.

➔ 팽이치기 놀이를 해 본 적이 있나요? 알록달록 색을 칠해 나만의 팽이를 꾸며 봅시다.

STEP 5 문장 개인화: 문장을 내 것으로 만들어요.

➜ 받아쓰기 15급에서 연습한 낱말을 사용하여 문장을 만들어 봅시다.

보기

팽이, 인형, 공연, 목소리,
잡아먹다, 넘어지다, 걷다, 쪼그리다

① 아래 문장을 소리 내어 읽고, 〈보기〉의 어떤 낱말이 쓰였는지 ◯ 하세요.

	친	구	들	과		팽	이		시	합	을		했	다.
내		팽	이	가		넘	어	질	까		봐		조	마
조	마	했	다	.	친	구	들	도		쪼	그	리	고	
앉	아		팽	이	를		숨	죽	여		지	켜	봤	다.

② 〈보기〉의 낱말을 2개 이상 넣어 짧은 글을 써 보세요.

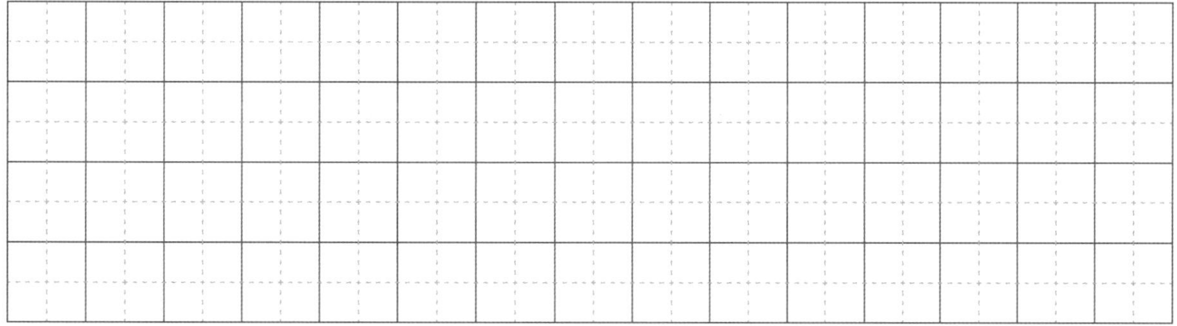

일기 쓰기 교실 15

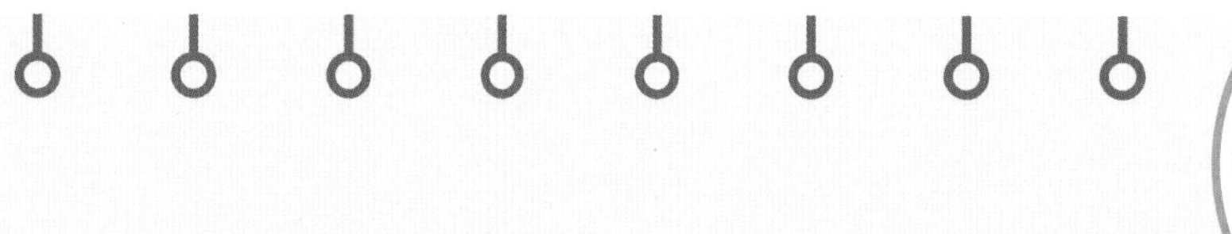

우아, 여러분! 벌써 받아쓰기 15급을 다 마쳤어요!
제일 재미있게 공부한 건 몇 급이었나요? 가장 어려웠던 부분은요? 반복해서 연습해도 자꾸 틀리는 문장이나 낱말이 있는지도 궁금하네요.

기억에 남는 받아쓰기 문장 베스트 5, 내가 좋아하는 라면 3종류, 가장 기억에 남는 여행지 3곳 등 주제를 정해서 순위를 매겨 보세요.
여러분이 이렇게 받아쓰기 책 한 권을 성공적으로 마친 것처럼 어떤 일을 마쳤을 때, 기억을 되짚어 순위를 매기면 더 재미있게 마무리할 수 있답니다.

받아쓰기 공부를 마친 여러분을 정말 칭찬해요. 선생님에겐 《2-2 단단 받아쓰기》를 성실하게 해낸 여러분이 1등으로 멋지답니다!

15급까지 마쳤어요!
모두 축하해요!

일기 예시

	엉	뚱	한		친	구		3	명					
1	위	:	고	구	마		캐	기		체	험	할		때
손	모	아	장	갑	을		가	져	온		친	구		
2	위	:	학	교		밖	이		궁	금	하	다	며	
학	교		담	장	에		올	라	간		친	구		
3	위	:	매	일		소	고		치	는		친	구	

년 월 일 요일 날씨 :

2-2 단단 받아쓰기 답안

보기

하품, 깜박, 숨바꼭질, 콧노래, 허수아비,
빨갛다, 익다, 행복하다, 느껴지다

① 아래 문장을 소리 내어 읽고, 〈보기〉의 어떤 낱말이 쓰였는지 ◯ 하세요.

학교를 마치고 친구들과 숨
바꼭질을 했다. 신나게 뛰어다
녀서 땀이 뻘뻘 나고 얼굴이
빨갛게 달아올랐다.

※ '빨갛다'는 '빨갛게'의 기본이 되는 형태예요.

2급 26쪽

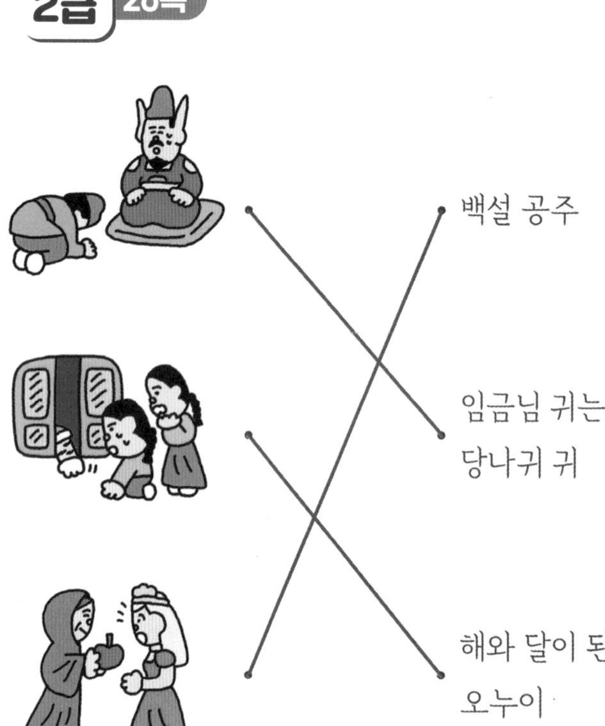

보기

마을, 잠깐, 부엌, 입학, 며칠,
어리둥절하다, 앉다, 살피다, 들르다

① 아래 문장을 소리 내어 읽고, 〈보기〉의 어떤 낱말이 쓰였는지 ◯ 하세요.

엄마는 내가 초등학교에 입
학한 지 1년도 넘은 것이
어리둥절하다고 하셨다. 잠깐
사이에 다 컸다며 웃으셨다.

보기

놀랐던 일

커다란 개가 뒤에서 따라온 일

기뻤던 일

친구에게 선물을 받은 일

슬펐던 일

엄마한테 혼난 일

화났던 일

동생과 크게 다툰 일

※ 답안 예시

보기

운동화, 달리기, 어쩌면, 정성, 선물,
아프다, 불쌍하다, 뿌듯하다, 껴안다

① 아래 문장을 소리 내어 읽고, 〈보기〉의 어떤 낱말이 쓰였는지 ◯ 하세요.

"어쩌면 그렇게 달리기를
잘하니?"
채윤이가 운동화 끈을 묶으
며 물었다. 뿌듯했다.

※ '뿌듯하다'는 '뿌듯했다'의 기본이 되는 형태예요.

4급 47쪽

보기

고양이, 쥐, 복슬복슬, 여행, 곳간, 볏단,
올라가다, 부드럽다, 떠나다, 도와주다

① 아래 문장을 소리 내어 읽고, 〈보기〉의 어떤 낱말이 쓰였는지 ◯ 하세요.

국어 교과서에서 '곳간에
볏단을 쌓아 두었다'는 문장
을 읽었다. 곳간과 볏단이 무
슨 뜻인지 궁금했다.

다섯	어떤 소리를 내나요?	'어흥' 소리를 냅니다.	(호랑이)

보기

산들산들, 나무꾼, 도끼, 수수께끼, 이름, 친구,
만들다, 나누다, 대단하다, 생각하다

① 아래 문장을 소리 내어 읽고, 〈보기〉의 어떤 낱말이 쓰였는지 ◯ 하세요.

나무꾼이 도끼를 연못에 빠
뜨렸을 때 얼마나 놀랐을까?
도와줄 친구도 주변에 없고,
참 막막했겠다.

보기

강아지, 산책, 열흘, 휴가, 어깨, 방,
쓰러지다, 멈추다, 주무르다, 치우다

① 아래 문장을 소리 내어 읽고, 〈보기〉의 어떤 낱말이 쓰였는지 ◯ 하세요.

	강	**아**	**지**	를		데	리	고		**산**	**책**	을		나
갔	다	.	**강**	**아**	**지**	는		신	나	서		계	속	
뛰	어	다	니	고		난		따	라	다	니	느	라	
땀	이		뻘	뻘		났	다	.						

7급 77쪽

보기

알밤, 온종일, 현관, 강아지, 전망대,
줍다, 동그랗다, 표현하다, 올라가다

① 아래 문장을 소리 내어 읽고, 〈보기〉의 어떤 낱말이 쓰였는지 ◯ 하세요.

	강	**아**	**지**	는		**온**	**종**	**일**		우	리		가	족
이		오	기	만	을		기	다	린	다	.	**현**	**관**	
앞	에	서		몸	을		**동**	**그**	**랗**	**게**		말	아	
웅	크	리	고		앉	아	서		기	다	린	다	.	

※'동그랗다'는 '동그랗게'의 기본이 되는 형태예요.

보기

불가사리, 게, 조개, 해파리

보기

안경, 꼭두각시, 눈썹, 바다, 여행,
심술궂다, 부러뜨리다, 바뀌다, 가르치다

① 아래 문장을 소리 내어 읽고, 〈보기〉의 어떤 낱말이 쓰였는지 ◯ 하세요.

심술궂은 동생이 안경을 부
러뜨렸다. 아! 너무 속상해서
눈물이 계속 흘렀다. 눈물을
모으면 바다가 될 만큼.

※ '심술궂다'는 '심술궂은'의 기본이 되는 형태이고,
'부러뜨리다'는 '부러뜨렸다'의 기본이 되는 형태예요.

보기

이사, 계절, 불가사리, 훨씬, 잔치, 적군,
부지런하다, 상상하다, 쫓아가다, 도망치다

① 아래 문장을 소리 내어 읽고, 〈보기〉의 어떤 낱말이 쓰였는지 ◯ 하세요.

불가사리 등에 올라타면 정
말 재미있겠지? 적군이 도망
치는 모습을 지켜보며 통쾌하
게 웃을 수도 있고…….

※ '도망치다'는 '도망치는'의 기본이 되는 형태예요.

공주, 불길, 삐죽, 뒷이야기, 노부부, 청년,
내뿜다, 잡아가다, 내밀다, 젊다, 변하다

① 아래 문장을 소리 내어 읽고, 〈보기〉의 어떤 낱말이 쓰였는지 ◯ 하세요.

불길을 헤치고 왕자를 구해
낸 공주는 어떤 모습이었을지
궁금하다. 치렁치렁한 드레스를
입지는 않았을 것 같다.

11급 116쪽

공의 (색깔)이/(가) 다르다.

과일의 (모양)이/(가) 다르다.

※답안 예시

보기

추석, 중국, 우리말, 야영, 주먹밥,
틀리다, 여기다, 가리키다, 먹다

① 아래 문장을 소리 내어 읽고, 〈보기〉의 어떤 낱말이 쓰였는지 ◯ 하세요.

중국의 추석이 '중추절'이
라는 걸 학교에서 배웠다. 우
리의 추석과 중국의 중추절이
어떻게 다른지 알아봐야지.

12급 127쪽

보기

교실, 쓰레기, 학용품, 까닭, 숲,
지저분하다, 많아지다, 닦다, 맑다, 지키다

① 아래 문장을 소리 내어 읽고, 〈보기〉의 어떤 낱말이 쓰였는지 ◯ 하세요.

	교	실	에	서		잃	어	버	리	는		학	용	품
이		많	아	져	서			‘	주	인	을		찾	습	니
다 ’		바	구	니	가		꽉		찼	다 .		주	인	을
못		찾	는		까	닭	이		뭘	까	?			

※ ‘많아지다’는 ‘많아져서’의 기본이 되는 형태예요.

14급 146쪽

□ □ ◯ □

13급 137쪽

보기

산사태, 방법, 이삿짐, 최고, 함부로,
예방하다, 힘들다, 완전하다, 아끼다

① 아래 문장을 소리 내어 읽고, 〈보기〉의 어떤 낱말이 쓰였는지 ◯ 하세요.

	친	구	가		내	가		아	끼	는		지	우	개
를		함	부	로		써	서		망	가	뜨	렸	다 .	
기	분	이		정	말		나	빴	다 .		친	구	가	
사	과	해	서		좀		기	분	이		나	아	졌	다 .

※ ‘아끼다’는 ‘아끼는’의 기본이 되는 형태예요.

14급 147쪽

보기

여행, 칭찬, 발표, 연습, 깨끗이,
해내다, 잘하다, 청소하다, 치우다

① 아래 문장을 소리 내어 읽고, 〈보기〉의 어떤 낱말이 쓰였는지 ◯ 하세요.

	처	음	에	는		대	답	도		잘		못	하	던
승	준	이	가		오	늘	은		발	표	도		거	뜬
하	게		해	냈	다 .		연	습	을		많	이		했
다	며		승	준	이	가		웃	었	다 .				

※ ‘해내다’는 ‘해냈다’의 기본이 되는 형태예요.

15급 157쪽

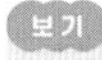

보기

팽이, 인형, 공연, 목소리,
잡아먹다, 넘어지다, 걷다, 쪼그리다

① 아래 문장을 소리 내어 읽고, 〈보기〉의 어떤 낱말이 쓰였는지 ◯ 하세요.

	친	구	들	과		팽	이		시	합	을		했	다.
내		팽	이	가		넘	어	질	까		봐		조	마
조	마	했	다.		친	구	들	도		쪼	그	리	고	
앉	아		팽	이	를		숨	죽	여		지	켜	봤	다.

※ '넘어지다'는 '넘어질까'의 기본이 되는 형태이고,
'쪼그리다'는 '쪼그리고'의 기본이 되는 형태예요.

2-2 교과서와 친해지는
단원별 단계별 받아쓰기

2022년 07월 19일 초판 01쇄 인쇄
2022년 07월 27일 초판 01쇄 발행

글 윤희솔·박은주
그림 나인완

발행인 이규상 편집인 임현숙
편집팀장 김은영 편집팀 문지연 이은영 강정민 정윤정
디자인팀 최희민 권지혜 두형주 마케팅팀 이성수 김별 김능연 강소희 이채영
경영관리팀 강현덕 김하나 이순복

펴낸곳 (주)백도씨
출판등록 제2012-000170호(2007년 6월 22일)
주소 03044 서울시 종로구 효자로7길 23, 3층(통의동 7-33)
전화 02 3443 0311(편집) 02 3012 0117(마케팅) 팩스 02 3012 3010
이메일 book@100doci.com(편집·원고 투고) valva@100doci.com(유통·사업 제휴)
포스트 post.naver.com/100doci 블로그 blog.naver.com/100doci 인스타그램 @growing__i

ISBN 978-89-6833-388-0 64710
ISBN 978-89-6833-359-0 64710 (세트)

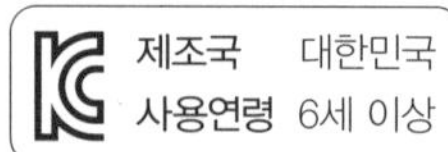